鈴木圭の考える
ドレスアップドレス

$$\mathscr{D}ress\ \mathscr{U}p\ \mathscr{D}ress$$

Chic, Elegant, Timeless.

5、7、9、11、13号の実物大パターンつき

文化出版局

Contents

時が経っても味わいが残り、時とともに味わいを増す洋服たち。
どんなドレスアップシーンにも、そこにふさわしいと思える洋服たち。
大人らしくて、そしてかわいい洋服たち。
おしゃれを楽しむ場が広がり、変化し、自由になっていく中で、
洋装を整えることで、「ちゃんとした気持ち」になれる。

この本では、1950年代のエレガントなテイストを残しつつ、
現代的なパーティシーンを想定し、シンプルなパターンで
背筋がピンと伸びるワンピースを紹介します。

作品には、水玉や花柄、レースといった女心をくすぐる永遠のモチーフや、
ネイビー、黒、ベージュといったベーシックカラーを繰り返し用いました。
共通する要素が多い分だけ、少しのデザインの違いによる
大きな印象の違いを お楽しみいただけます。

全作品は、袖ぐり（キャミソール型を除く）の形状と、
ウエスト切替え位置 や、ウエスト寸法は共通しています。
例えば、袖を半袖から7分袖に変えたり、スカート部分ではギャザースカートを
タイトスカートに変えたりと、パターンの差し替えアレンジもしやすくなっています。

鈴木 圭

01
—

ラウンドネック
キャップスリーブ
タックスカート

スカート部分には、大小の
水玉柄のシフォンを重ねます。
リボンベルトをウエストに
あしらえば、ワンポイントの
アクセントに

—

How to make_ P.34

02_ *Ruffled camisole, Gathered skirt*

キャミソールフリル
ギャザースカート

表スカートのパターンは、
シンプルな正方形できれいな
ギャザーを作ります。
キャミソールトップに
フリルをあしらって、
かわいい要素をプラスに

—

How to make_ P.41

03_ Round Neck, Half Sleeve & Gathered skirt

03

—

ラウンドネック
半袖、ギャザースカート

ウエストサイズは適度に
ゆとりが入ります。
脇線に縫いつけたリボンベルトを
絞れば、ジャストフィットに

—

How to make_ P.45

04
—

ロングジャケット
（羽織ワンピース）

後ろ身頃のウエストに縫いつけた
ベルトループに リボンベルトを通します。
結んだり、垂らしたりして多彩な表情に。
中肉素材で作れば
ロング丈のジャケットにも

—

How to make_ P.48

ラウンドネック
7分タイトスリーブ
タイトスカート

袖口、スカート裾はレースの
スカラップをそのまま使います。
袖には裏地を用いず透け感を出し、
大人っぽさを演出

—

How to make_ P. 53

06
—

クルーネックスタンドカラー
7分ワイドスリーブ
タイトスカート

袖はキャップスリーブ（袖上）の先に、
袖下とカフスをつけて
ワイドスリーブを作ります。
レースとサテンの色を合わせることで、
落ち着きとエレガントさを表現

—

How to make_ P.57

07

—

V ネック、ノースリーブ
ギャザースカート

身頃とスカートの間にヨークパーツを
挟んで仕上げます。
ミドルヒップから広げるギャザースカートで、
落ち着いた大人の雰囲気に

—

How to make_ P.62

08
—

ショートジャケット

ゴムシャーリングとタックを用いて
ウエストを絞ります。
全作品とセットアップできる形のいい
ショートジャケット

—

—

キャミソール、ノースリーブ
タックスカート

やや張り感のあるグログランを
ウエストでたたみ、
タックスカートを作ります。
たっぷりと揺れるスカートで、
ドラマチックな気分に

—

10
—

キャミソール、ノースリーブ
タイトスカート

タイトスカートの先に、
ファー（インディアンカットの
ジャカード）の裾布をつけます。
身頃の梨地はフォーマル向きで、
シーズン性がないため、通年で重宝

—

How to make_ P.71

11

—

クルーネックスタンドカラー
7分タイトスリーブ
ギャザースカート

スタンドカラーは前から後ろへ、
そのままネックラインでつなげます。
ウエストヨークを用いることで、立体的で
フォーマル感漂うリトルブラックドレスに

—

How to make_ P.74

12

—

クルーネックスタンドカラー
7分タイトスリーブ
タイトスカートロング

白のサテン地でウェディンドレスを作ります。
スカートの裾布を床までのばした
ロングドレスは、永遠のドレスアップスタイル

—

How to make_ P.77

How to Make

コンシールファスナーのつけ方

コンシールファスナーは、ファスナーをつけた部分が縫い目のように見えるファスナーです。
コンシールファスナーをつけるときは、必ずつけ寸法より2〜3cm以上長いものを用意します。
これはミシンをかけるときにじゃまにならないよう、スライダーをあき止りより下まで下ろすため、
長さに余裕が必要になるからです。長すぎる分は最後にカットします。
コンシールファスナーつけには専用のミシンの押え金「コンシールファスナー押え」を使います。
写真の押え金は一般的な直線縫いのミシンにつけるタイプ。ミシンの機種に合わせて
いろいろなタイプのコンシールファスナー押えがありますので、使用するミシンに合ったものを用意します。

コンシールファスナー

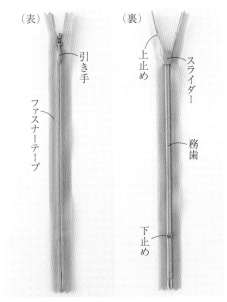

（表）
引き手
ファスナーテープ

（裏）
上止め
スライダー
務歯
下止め

コンシールファスナー押え

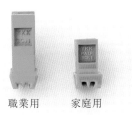

職業用　家庭用

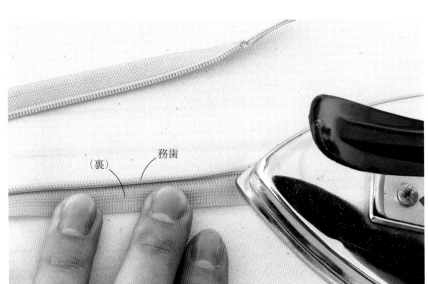

（裏）　務歯

1 ファスナーを開き、裏面から務歯を起こすようにアイロンをかける。開いたもう一方も同様にアイロンの先を使って務歯を起こす。

後ろ（裏）
（表）
ウエスト
あき止り
後ろ中心

2 ファスナーつけ位置を残して、あき止りから下の後ろ中心を縫う。あき止りはしっかり返し縫いをする。

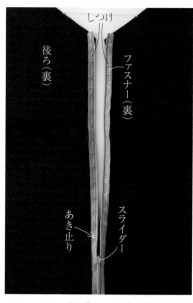

3 後ろ中心の縫い代をアイロンで割る。あき止りから上のファスナーつけ位置の縫い代は、アイロンで裏面に折る。

4 表に返し、左右のウエスト切替え線がずれていないかを確認する。ずれているときには縫い直す。

5 ファスナーを開き、スライダーをあき止りより下まで下げ、縫い代の表面にファスナーを中表に合わせてしつけで縫いとめる。このとき図のように③の折り山に務歯を合わせてしつけをかける。

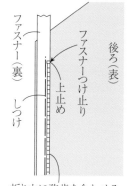

折り山に務歯を合わせる

6 ミシンにコンシールファスナー押えをセットする。

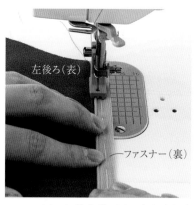

7 ファスナーに片方ずつミシンをかける。まず左後ろ中心の縫い代を開き、写真のようにミシンに置き、ファスナーの務歯を押え金の左側の溝にはめ込む。指先で務歯を起こしながら押え金の溝にはめ込んでミシンをかけ、あき止りまで縫う。

8 右後ろ中心も7と同様に縫うが、このときは押え金の右側の溝に務歯をはめ込んで縫う。

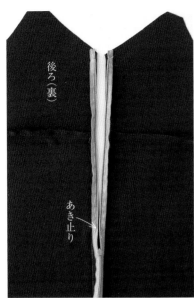

9 ファスナーつけミシンをかけ終わったところ。この後しつけを抜く。

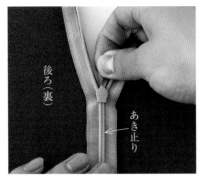

10 あき止りより下にあるスライダーを、あき止りより上に引っ張り上げる。

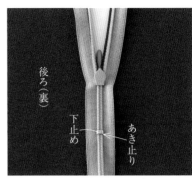

11 ファスナーの下止めをあき止りまで移動する。

12 11の下止めをペンチで絞めて固定する。

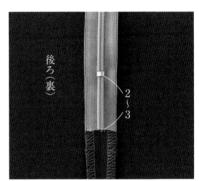

13 下止めから下のコンシールファスナーが長く残っている場合は、2～3cmを残して余分をカットする。

14 コンシールファスナーつけの出来上り。

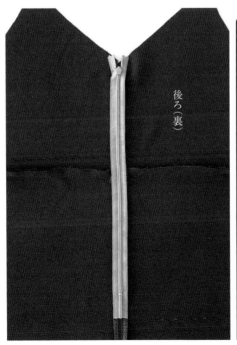

裏布のきせのかけ方

裏布がつれてシルエットをくずさないよう、裏布の縫い目に入れるゆとりのことを「きせ」といい、
きせを入れて縫うことを「きせをかける」といいます。
きせは主に縦の縫い目に入れます。分量は0.3〜0.5cmぐらいですが、
コートやジャケットの後ろ中心には1cm程度のきせをかけることもあります。
きせをかける箇所は、その分縫い代を多くつけて裁断します。

1 2枚を中表に合わせ、出来上り線よりきせ分外側を縫う。裏地は縫いつれしやすいので、糸調子を弱めにして少し引っ張りながら縫うとよい。

2 アイロンで縫い代を2枚一緒に出来上り線で折る。このとき縫い代を倒したい側に折る。

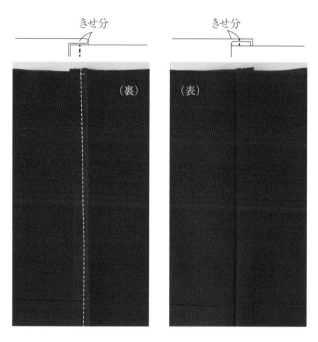

3 布を開いて縫い上がり。表から見ると折り山の内側に縫い目があり、折り山から縫い目までがきせ分になる。

糸ループ

裏布つきのワンピースの裾を、裏布を浮かせてとめるときの糸ループの作り方です。
糸ループは両脇の内側につけます。

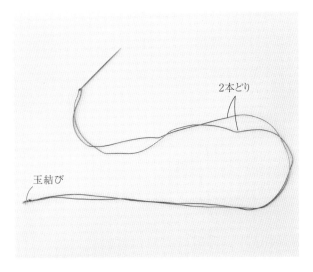

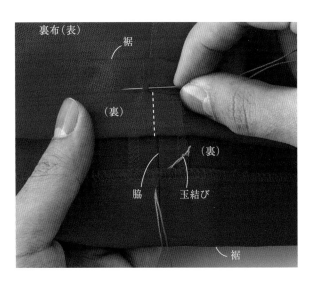

1 太めの手縫い糸（20番または30番）を60〜70cmぐらいにカットして針に通し、端を2本一緒に玉結びして2本どりにする。

2 表布の脇の裾縫い代の内側から針を入れて外側に出し、続けて裏布の脇の裾縫い代の際を1針すくう。

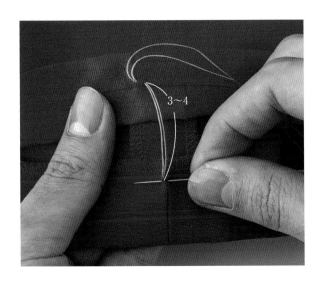

3 表布の裾縫い代を1針すくい、芯糸を渡す。芯糸の長さは3〜4cm。

4 続けて芯糸に図のように糸をからめる。

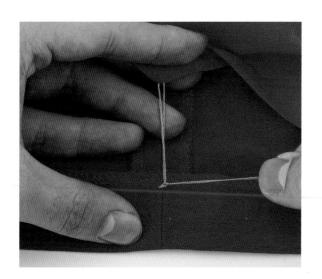

5 からめた糸をしっかりと引く。

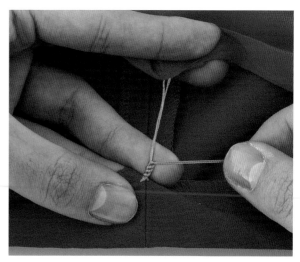

6 4、5を繰り返す。糸の結び目をそろえながらしっかり糸を引いていく。

7 芯糸の上端までいったら裏布を1針すくい、玉止めをして糸を切る。

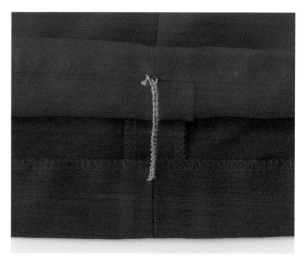

8 糸ループの出来上り。

サイズと付録の実物大パターンについて

付録の実物大パターンは、右のヌード参考寸法表の5号、7号、9号、11号、13号にグレーディング（サイズ展開）されて、A面、B面、C面、D面の各面に入っています。まず、ヌード寸法からご自身や着用されるかたに近いサイズを選びますが、ご紹介する作品は体にフィットしているデザインですから、迷う場合は大きいサイズを選びましょう。

パターンの写し方

パターンは紙面の都合上それぞれのパーツが重なって配置されています。ハトロン紙を重ねて写しとりますが、途中で写したい線が混乱しないようにマーカーなどで印をつけておきます。パターンを写しとったら裁合せ図を参考に縫い代をつけて縫い代つきのパターンを作ります。13号サイズのパターンには縫い代の破線そのまま写してください。それ以外の5〜11号は13号と同様につけてから裁断します。その際、合い印も忘れずにしるしておきます。

布地について

口絵ページの作品に似た布地で作ることをおすすめします。作り方も基本作品に使用した布地で作ることを前提にして解説しています。もちろん他の素材で作っていただけますが、生地の落ち感やギャザー分量などのシルエットが多少変わってしまうことを考慮しましょう。

裁断、合い印、印つけについて

裁断は表布を外表に二つに折り、縫い代つきのパターンをのせて重しで押さえてパターン線にそって裁断します。ただし、織りの粗いほつれやすい布地は、チョークで裁切り線をしるし、パターンをはずして裁断する方法もあります。どちらの場合も基本的に出来上り線にある合い印は、布端に直角にノッチ（3mmくらいの切込み）を入れます。ダーツのようにパターンの内側にある印はチョークペーパーを布にはさみ、目打ちやルレットでしるしてください。タフタやグログランなどの目打ちで印がつきにくい布の場合や跡が残る場合は、しつけ糸を使って切りじつけをしましょう。

布と糸と針

ミシン糸は番号が大きいほど細く、ミシン針は番号が大きいほど太くなります。薄い布には細い糸・細い針、厚い布には太い糸・太い針が基本です。一般的に、糸はシャッペスパン60番・90番、針は9番・11番がよく使われます。布地に合ったミシン糸と針を使うことでパッカリング（縫縮み）のないきれいな仕上りになります。

ヌード参考寸法表　　　　　　　　（単位はcm）

	5号	7号	9号	11号	13号
身長	157	157	164	164	167
バスト	78	82	86	90	94
ウエスト	56	60	64	68	72
ヒップ	83	87	91	95	99
袖丈	52	52	55	55	57

作品 *No.01*, *No.02*
ローン / 薄手でしなやかな布
糸：シャッペスパン90番　針：9番

作品 *No.03*, *No.04*
綿ローン / 薄手の木綿
糸：シャッペスパン90番　針：9番

作品 *No.05*, *No.06*
コードレース / 薄手で張りのあるレース地
糸：シャッペスパン90番　針：9番

作品 *No.07*
プラチナグログラン / 薄手で張りのある布
糸：シャッペスパン90番　針：9番

作品 *No.08*, *No.09*
コットンナイロングログラン / 薄手で張りのある布
糸：シャッペスパン90番　針：9番

作品 *No.01*, *No.07*, *No.10*, *No.11*
二重梨地 / 中肉で柔らかい布
糸：シャッペスパン90番　針：11番

作品 *No.06*, *No.12*
ヘビーサテン
糸：シャッペスパン90番　針：9番

作品 *No.10*
カットジャカード
糸：シャッペスパン90番　針：9番

ミシン糸
A：シャッペスパン90番 (ポリエステルミシン糸)
B：シャッペスパン60番 (ポリエステルミシン糸)
C：ファイン (ポリエステルシルク形状ミシン糸)
D：シャッペスパン30番 (ポリエステルミシン糸)

ミシン針
A：9番
B：11番
C：14番

01 ラウンドネック、キャップスリーブ、タックスカート (口絵 P.4)

パターン（A、B面）

01 後ろ身頃　01 前身頃　01 後ろスカート　01 前スカート　01 袖　01 袖口見返し

材料

表布A 二重梨地(身頃・袖用)＝140cm幅 5・7・9号60cm、11・13号70cm
表布B ローン水玉大(表スカート用)＝112cm幅 5・7・9号2m60cm、11・13号2m70cm
表布C ローン水玉小(内側スカート用)＝148cm幅 5・7・9号2m40cm、11・13号2m60cm
裏布(袖分を除く)＝110cm幅 5・7・9号3m10cm、11・13号3m30cm
接着芯＝90cm幅10cm
接着テープ＝1.2cm幅適宜
コンシールファスナー＝56cm1本
スプリングホック＝1組み
グログランリボン(ベルト用)＝1.5cm幅(ウエストの出来上り寸法＋3)×2＋18cm
スナップ(ベルト用)＝大1組み
熱接着両面テープ(ベルト用)＝1～1.2cm幅適宜

作り方のポイント

スカートは同じようにタックをとったスカートを2枚重ねにします。布地は透ける素材のローンを使い、大きい水玉(表布B)で外側の表スカートを、小さい水玉(表布C)で内側スカートをそれぞれ作ってから、表スカートと内側スカートを重ねて2重にします。

下準備

・袖口見返しの裏面に接着芯をはる。
・衿ぐり縫い代の裏面に接着テープをはる。

作り方

1 ダーツを縫う。→図
2 肩を縫う。→図
3 身頃の脇を縫う。→図
4 スカートのタックをたたむ。→図
5 スカートの後ろ中心を縫う。→図
6 スカートの脇を縫う。→図
7 スカートの裾の始末をする。→図
8 表スカートと内側スカートを重ねる。→図
9 ウエストを縫い合わせる。→図
10 コンシールファスナーをつける。→p.27
11 裏布を縫い合わせる。→図
12 衿ぐりを縫う。→図
13 ファスナーあきの裏布をまつる。→図
14 袖を作る。→図
15 袖をつける。→図
16 スプリングホックをつける。→図
17 裾の脇の内側に糸ループをつける。→p.31
18 ベルトを作る。→図

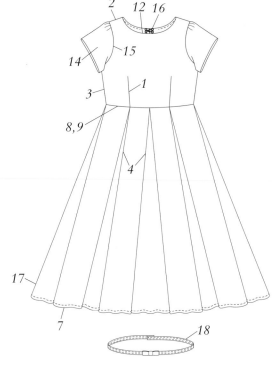

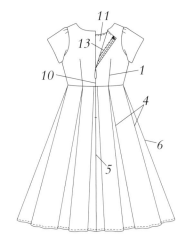

出来上り寸法				(単位はcm)
サイズ	5号	7号	9号	11号	13号
バスト	84	88	92	96	100
ウエスト	65	69	73	77	81
ヒップ	214	218	222	226	230
袖丈	14	14.2	14.5	14.7	15
着丈	111.5	111.5	115.5	115.5	119.5

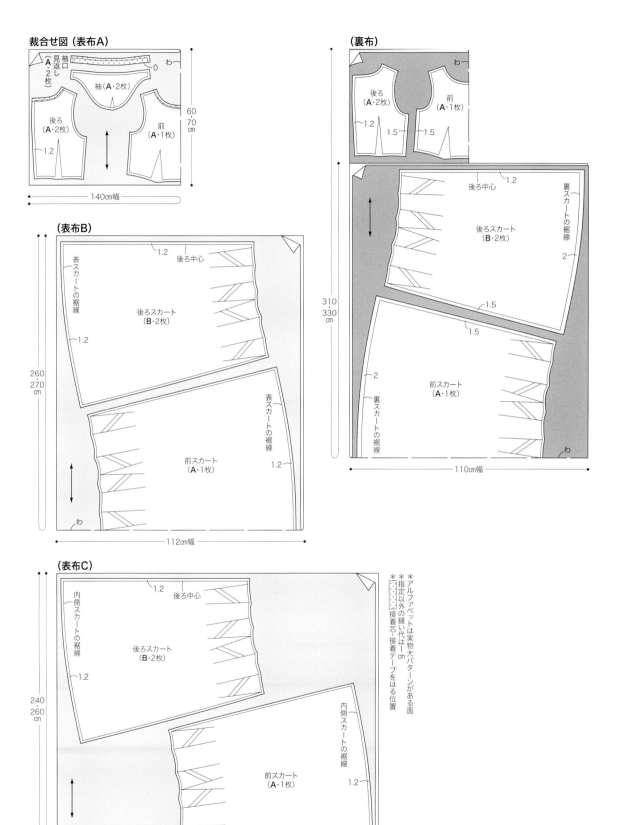

裁合せ図（表布A）

袖口見返し（A・2枚）

袖（A・2枚）

後ろ（A・2枚）

前（A・1枚）

0

わ

1.2

60
70
cm

140cm幅

（裏布）

後ろ（A・2枚）

前（A・1枚）

わ

1.2　1.5　1.5

1.2

後ろ中心

後ろスカート（B・2枚）

裏スカートの裾線

2

1.5

1.5

2

前スカート（A・1枚）

裏スカートの裾線

わ

310
330
cm

110cm幅

（表布B）

表スカートの裾線

1.2

後ろ中心

後ろスカート（B・2枚）

1.2

表スカートの裾線

前スカート（A・1枚）

1.2

わ

260
270
cm

112cm幅

（表布C）

内側スカートの裾線

1.2

後ろ中心

後ろスカート（B・2枚）

1.2

内側スカートの裾線

前スカート（A・1枚）

1.2

わ

240
～
260
cm

148cm幅

＊アルファベットは実物大パターンがある面

＊指定以外の縫い代は1cm

＊ ░░ 接着芯・接着テープをはる位置

1　ダーツを縫う。

①後ろ身頃のダーツ分を中表につまんで縫う。

②ダーツの縫い代を中心側に倒してアイロンで整える。前身頃のダーツも同様に縫う。

2　肩を縫う。

①前身頃と後ろ身頃の肩を中表に合わせて縫う。

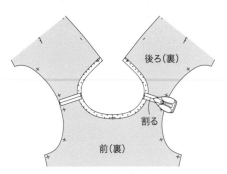

②肩縫い代をアイロンで割って整える。

3　身頃の脇を縫う。

前身頃と後ろ身頃の脇を中表に合わせて縫い、縫い代を割ってアイロンで整える。

4　スカートのタックをたたむ。

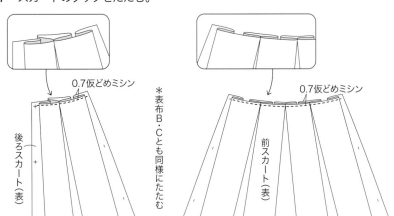

前スカート、後ろスカートともウエストのタックを図のようたたみ、縫い代に仮どめミシンまたはしつけをかける。表スカート（表布B）、内側スカート（表布C）のタックのたたみ方は同じ。

5 スカートの後ろ中心を縫う。

[表スカート]

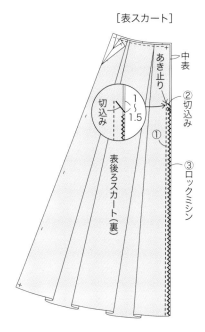

中表
あき止り
②切込み
①
③ロックミシン
1〜1.5
切込み
表後ろスカート（裏）

[内側スカート]

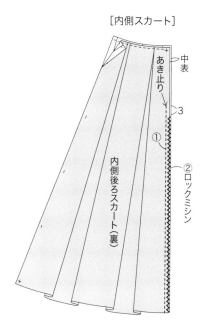

中表
あき止り
3
①
②ロックミシン
内側後ろスカート（裏）

左右の表後ろスカートの後ろ中心を中表に合わせ、あき止りから下を縫う（①）。あき止りはしっかり返し縫いをする。次に縫い代に、あき止りに向かって斜めに切込みを入れる（②）。切込みから下の縫い代は2枚一緒にロックミシン（またはジグザグミシン）をかけ（③）、左後ろ側に倒してアイロンで整える。

左右の内側スカートの後ろ中心を中表に合わせ、あき止りから下を縫う（①）。あき止りはしっかり返し縫いをする。次にあき止りの3cmぐらい下から縫い代に、2枚一緒にロックミシンをかける（②）。ロックミシンをかけた部分の縫い代は、右後ろ側に倒してアイロンで整える。

6 スカートの脇を縫う。

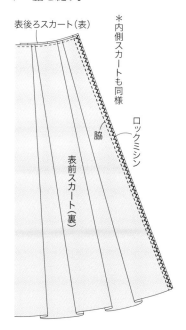

表後ろスカート（表）
＊内側スカートも同様
ロックミシン
脇
表前スカート（裏）

表スカート、内側スカートともそれぞれ前後スカートの脇を中表に合わせて縫う。縫い代は2枚一緒にロックミシンをかけ、後ろ側に倒してアイロンで整える。

7 スカートの裾の始末をする。

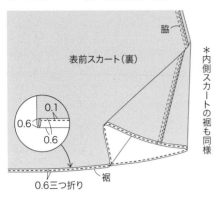

脇

表前スカート（裏）

＊内側スカートの裾も同様

0.1
0.6
0.6
0.6三つ折り
裾

表スカート、内側スカートともそれぞれ裾縫い
代を三つ折りにしてステッチをかける。

8 表スカートと内側スカートを重ねる。

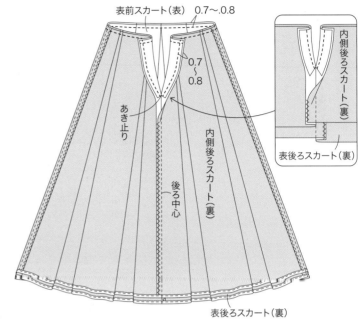

表前スカート（表）　0.7〜0.8

内側後ろスカート（裏）

表後ろスカート（裏）

0.7〜0.8

あき止り

内側後ろスカート（裏）

後ろ中心

表後ろスカート（裏）

表スカートの裏面に、内側スカートの表面を合わせて2枚を重ねる。後ろ中心のあき止り位置は、表スカートの切込みを入れた縫い代を図のように重ね、2枚がずれないようにウエスト縫い代と後ろ中心のあきの縫い代をミシンで縫いとめる。

9 ウエストを縫い合わせる。

1

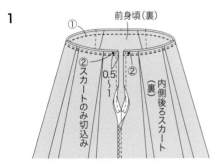

前身頃（裏）

①
②
②
0.5〜1
スカートのみ切込み
内側後ろスカート（裏）

身頃と2枚重ねにしたスカートのウエストを中表に合わせて縫う（①）。次に後ろ中心から0.5〜1cmの位置のスカートの縫い代だけに切込みを入れる（②）。

2

前（表）

後ろ（裏）

割る

内側後ろスカート（裏）

ウエストの縫い代を身頃側に倒してアイロンで整える。切込みから先の縫い代は割る。

11 裏布を縫い合わせる。

1

裏後ろ（表）②

裏前（裏）

0.5
きせ

③

①（後ろのダーツも同様）

裏布の前身頃、後ろ身頃ともダーツを縫い、縫い代を脇側に倒す（①）。次に前後身頃を中表に合わせて肩（②）、脇（③）を縫うが、脇は0.5cmのきせをかけて縫い、縫い代はそれぞれ後ろ側に倒す。きせのかけ方は30ページを参照。

2

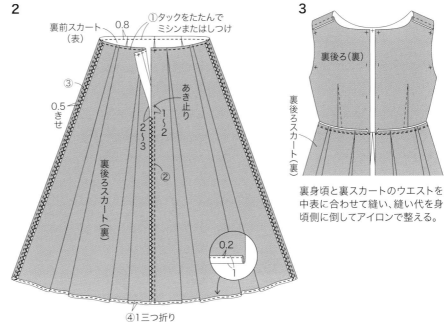

裏前スカート（表）　0.8　①タックをたたんでミシンまたはしつけ

③

0.5
きせ

裏後ろスカート（裏）

あき止り

1〜2

2〜3

②

0.2

1

④1三つ折り

裏前スカート、裏後ろスカートともそれぞれタックをたたみ（タックのたたみ方は表布と同じ）、ウエスト縫い代にミシンまたはしつけをかける（①）。次に後ろ中心（②）、脇（③）の順に縫うが、後ろ中心はあき止りの1〜2cm下から裾までを縫い、脇は0.5cmのきせをかけて縫う。縫い代はそれぞれ2枚一緒にロックミシンをかけて、脇縫い代は後ろ側に倒す。裾は縫い代を三つ折りにしてステッチをかける。

3

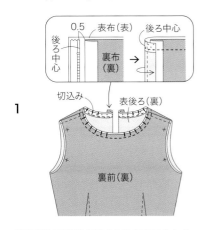

裏後ろ（裏）

裏後ろスカート（裏）

裏身頃と裏スカートのウエストを中表に合わせて縫い、縫い代を身頃側に倒してアイロンで整える。

12 衿ぐりを縫う。

1

0.5　表布（表）　後ろ中心

後ろ中心

裏布（裏）

表後ろ（裏）

切込み

裏前（裏）

表身頃と裏身頃の衿ぐりを中表に合わせ、後ろ中心のファスナーあきの部分は図のように縫い代を折って重ね、衿ぐりを縫う。次に縫い代に切込みを入れる。

2

裏布と縫い代にミシン

裏後ろ（表）

0.1控える

0.2

縫えるところまで

表前（表）

表に返し、裏身頃を少し控えて衿ぐりをアイロンで整え、表布をよけて裏布と縫い代だけにミシンをかける。後ろ中心側は縫えるところまでミシンをかければよい。

13 ファスナーあきの裏布をまつる。

裏後ろ（表）

0.5

②まつる

③袖ぐり縫い代にしつけ

①表布と裏布のウエスト縫い代を中とじ

表布と裏布のウエスト縫い代を、後ろファスナーあきの部分から引き出すようにして中とじ（表布と裏布の縫い代どうしをしつけ糸などでとじ合わせること。→p.79）をする（①）。次に裏布の後ろ中心を、ファスナーの務歯から0.5cmぐらい控えて折り込み、まつる（②）。袖ぐりは表布と裏布をよくなじませて縫い代にしつけをかける（③）。

14 袖を作る。

1

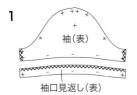

袖下縫い代と袖口見返しの上端にロックミシンをかける。

2

袖を中表に折って、袖山のダーツを縫う。

3

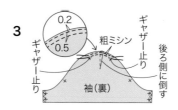

袖山ダーツの縫い代を後ろ側に倒してアイロンで整える。袖山のギャザー止り～ギャザー止りまで縫い代に粗い針目でミシンを2本かける。

4

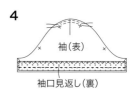

袖と袖口見返しを中表に合わせて、袖口を縫う。

5

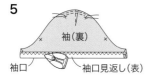

袖口見返しを袖の裏面に返して、袖口をアイロンで整える。

6

袖を中表に折り、袖口見返しまで続けて袖下を縫う。

7

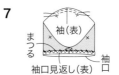

袖下縫い代をアイロンで割り、袖口見返しをもう一度整えて、見返し端をまつる。

15 袖をつける。

1

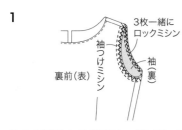

袖山の粗ミシンの糸を2本一緒に引いてギャザーを寄せ、身頃の袖ぐりに中表に合わせて縫う。次に身頃袖ぐりのしつけを抜き、袖つけ縫い代に3枚一緒にロックミシンをかける。

2

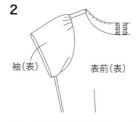

袖つけ縫い代をアイロンで袖側に倒し、表に返して整える。

16 スプリングホックをつける。

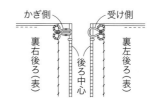

後ろ中心のファスナーの上端に、スプリングホックをつける。裏右後ろ身頃にかぎ側を、裏左後ろ身頃に受け側をつける。

18 ベルトを作る。

1

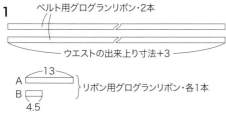

グログランリボンをベルト用2本、リボン用A・Bは各1本、図の寸法でカットする。

2

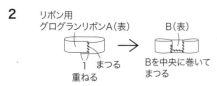

リボンを作る。リボンAを1cm重ねて輪にしてまつり、その中央にリボンBを巻き、まつってとめる。

3

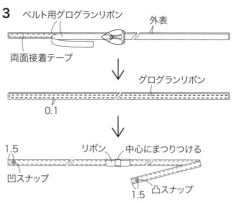

熱接着両面テープを使ってベルト用2枚を外表にアイロンではり、周囲にステッチをかける。次にベルトの中央に**2**のリボンをまつりつけ、両端にはスナップをつける。

02　キャミソールフリル、ギャザースカート (口絵 P.6)

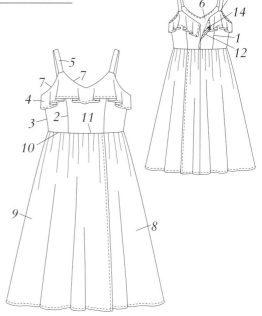

パターン（A、C、D面）

02 前身頃　02 前脇身頃　02 後ろ身頃　02 前フリル

02 後ろフリル　02 前後スカート・右前後オーバースカート

02 左後ろオーバースカート　02 肩ひも

02 裏前スカート　02 裏後ろスカート

材料

表布A ローン水玉大＝112cm幅 5・7・9号2m20cm、11・13号2m40cm

表布B ローン水玉小＝148cm幅 5・7・9号2m50cm、11・13号2m70cm

裏布＝110cm幅 5・7・9号2m10cm、11・13号2m30cm

接着テープ＝1.2cm幅適宜

コンシールファスナー＝56cm1本

スプリングホック＝1組み

作り方のポイント

・表布A、Bは透ける素材のローンを使用。身頃は前後とも表布B（水玉小）の上に表布A（水玉大）を重ねて裏打ちし、2枚を一緒に縫い合わせる。

・スカートは本体を表布B（水玉小）で縫い合わせ、上に表布A（水玉大）で作ったオーバースカートを重ね、ウエストで2枚一緒にギャザーを寄せる。

・肩ひもは表布B（水玉小）を2枚重ねにして作る。

下準備

・表布Bの各身頃の裏面の衿ぐり、袖ぐりの縫い代に接着テープをはる。

・各身頃の表布AとBを重ねて裏打ちをする。肩ひもは表布Bを2枚重ねて周囲を縫う。→図

・表後ろスカート、左右の後ろオーバースカート、裏後ろスカートの後ろ中心の縫い代にロックミシン（またはジグザグミシン）をかける。

作り方

1　後ろ身頃のダーツを縫う。→p.36（NO.01）

2　前身頃と前脇身頃を縫い合わせる。→p.69（NO.09）

3　身頃の脇を縫う。→p.36（NO.01）

4　フリルを縫い、仮どめをする。→図

5　肩ひもを作り、仮どめをする。→p.69（NO.09）

6　身頃の裏布を縫い合わせる。→p.70（NO.09）

7　衿ぐり、袖ぐりを縫う。→図

8　表スカートを縫い合わせる。→図

9　オーバースカートを縫い合わせ、表スカートと重ねる。→図

10　裏スカートを縫い合わせ、表スカートと重ねる。→図

11　ウエストを縫う。3枚重ねの身頃と3枚重ねのスカートのウエストを中表に合わせて縫う。縫い代は6枚一緒にロックミシンをかけ、身頃側に倒す。

12　コンシールファスナーをつける。→p.27

13　後ろ身頃に肩ひもをまつる。→p.70（NO.09）

14　ファスナーの上端にスプリングホックをつける。→p.40（NO.01）

出来上り寸法　（単位はcm）

サイズ	5号	7号	9号	11号	13号
バスト	84	88	92	96	100
ウエスト	65	69	73	77	81
ヒップ	107	111	115	119	123
着丈	97	97	101	101	105

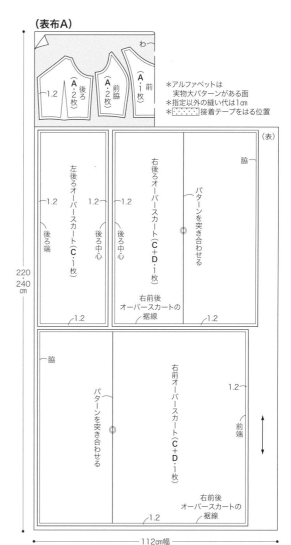

＊アルファベットは　実物大パターンがある面

＊指定以外の縫い代は1cm

＊ 接着テープをはる位置

下準備・身頃の裏打ち

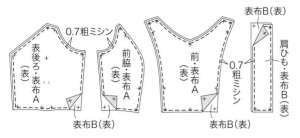

後ろ身頃、前身頃、前脇身頃は表布B（水玉小）の上に表布A（水玉大）を重ねて周囲の縫い代を粗い針目のミシンで縫う。肩ひもは表布Bを2枚重ねて周囲の縫い代に粗ミシンをかける。各身頃、肩ひもとも2枚を重ねた状態を1枚の布として縫い合わせる。

4 フリルを縫い、仮どめをする。

1

前フリルと後ろフリルの脇を外表に合わせ、縫い代端から0.4cmのところを縫う。

2

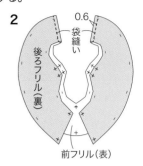

縫い代をいったん割ってからフリルの脇を中表に合わせて出来上り線を縫う（袋縫い）。

（表布B）

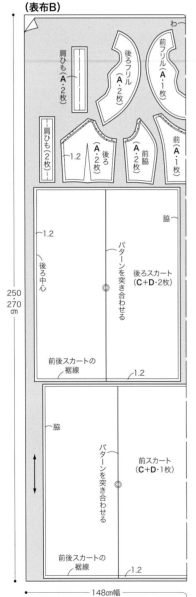

（裏布）

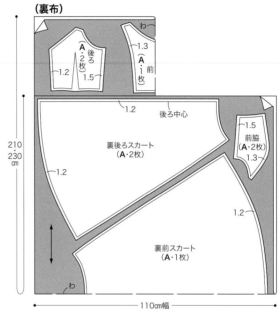

3

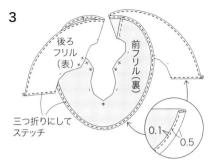

フリルの外回りの縫い代を三つ折りにしてステッチをかける。

4

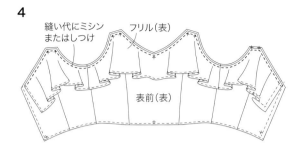

身頃表面の衿ぐり〜袖ぐりに、フリルの表面を上にして重ね、縫い代にミシンまたはしつけでとめる。

7 衿ぐり、袖ぐりを縫う。

1

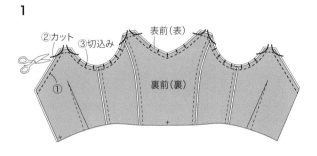

表身頃と裏身頃を中表に合わせて後ろ衿ぐり〜袖ぐり〜前衿ぐりを縫う（①）。次に角の縫い代を斜めにカットし（②）、カーブの縫い代に切込みを入れる。（③）。

2

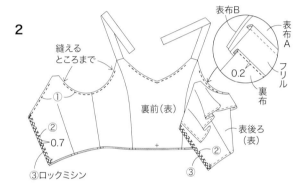

身頃を表に返し、裏布を少し控えて衿ぐり、袖ぐりをアイロンで整え、表身頃とフリルをよけて、裏布と縫い代だけにミシンをかける（①）。次に後ろ中心の縫い代にミシンをかけて3枚をとめ（②）、縫い代端に3枚一緒にロックミシンをかける（③）。

8 表スカートを縫い合わせる。

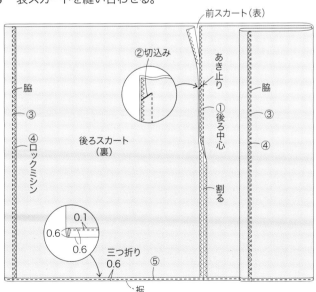

左右の後ろスカートを中表に合わせ、後ろ中心のあき止りから下を縫う（①）。後ろ中心のあき止りの縫い代に斜めに切込みを入れ（②）、あき止りから下の縫い代を割る。次に前後スカートの脇を中表に合わせて縫い（③）、縫い代は2枚一緒にロックミシンをかけて後ろ側に倒す（④）。裾は縫い代を三つ折りにしてステッチをかける。

9　オーバースカートを縫い合わせ、表スカートと重ねる。

1

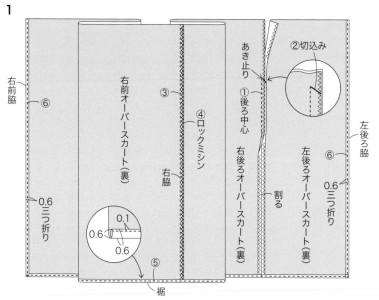

左右のオーバースカートの後ろ中心を中表に合わせてあき止りから下を縫い（①）、あき止りの縫い代に切込みを入れ（②）、あき止りから下の縫い代を割る（③）。次に右後ろオーバースカートと右前オーバースカートの脇を中表に合わせて縫い（③）、縫い代は2枚一緒にロックミシンをかけて後ろ側に倒す（④）。裾、右後ろ端、左前端はそれぞれ三つ折りにしてステッチをかける。

2

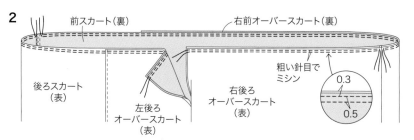

表スカートの表面にオーバースカートを重ね、ウエストの縫い代にギャザー用の粗い針目のミシンを2本かける。

10　裏スカートを縫い合わせ、表スカートと重ねる。

1

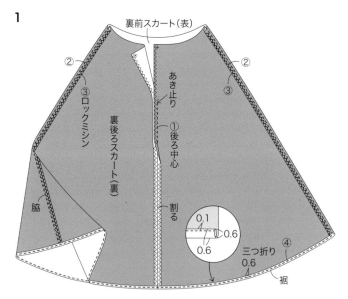

裏後ろスカートの後ろ中心を中表に合わせてあき止りから下を縫い、縫い代を割る（①）。次に前後の脇を中表に合わせて縫い（②）、縫い代に2枚一緒にロックミシンをかけて後ろ側に倒す（③）。裾は縫い代を三つ折りにしてステッチをかける（④）。

2

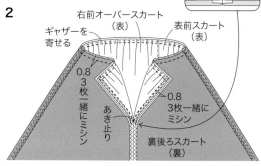

表スカートはウエストの粗ミシンの糸を2本一緒に引いてギャザーを寄せておく。その表スカートの裏面に裏スカートの表面を合わせて重ね、ウエストの縫い代にとめミシンをかける。あき止りから上の後ろ中心は、表布A、Bの切込みから上の部分を、裏布と重ね、3枚一緒に縫い代をとめる。

03 ラウンドネック、半袖、ギャザースカート (口絵 P.08)

パターン（A、C、D 面）
03 前身頃　03 後ろ身頃　03 袖
03 前後スカート　03 リボン　03 裏前後スカート

材料
表布＝綿ローン花プリント＝108㎝幅 5・7・9号4m10㎝、11・13号4m30㎝
裏布（袖分を除く）＝110㎝幅 5・7・9号2m10㎝、11・13号2m30㎝
接着テープ＝1.2㎝幅適宜
コンシールファスナー＝56㎝1本
スプリングホック＝1組み

下準備
・衿ぐり縫い代の裏面に接着テープをはる。
・スカートの前中心と後ろ中心と裾、袖口の縫い代に
　ロックミシン（またはジグザグミシン）をかける。

作り方
1　リボンを作る。→図
2　ダーツを縫う。→p.36（NO.01）
3　スカートの前中心、後ろ中心を縫う。後ろ中心は
　　あき止まりから下を縫い、縫い代はそれぞれ割る。
4　ウエストを縫い合わせる。→図
5　コンシールファスナーをつける。→p.27
6　肩を縫う。→p.36（NO.01）
7　身頃とスカートの脇を続けて縫う。→図
8　裏布を縫い合わせる。→p.39（NO.01）ただし、
　　スカートのタックは入らない。
9　衿ぐりを縫う。→p.39（NO.01）
10　ファスナーあきの裏布をまつる。
　　→p.39（NO.01）
11　袖を作る。→図
12　袖をつける。→図
13　裾の縫い代を折り上げてまつる。
　　→p.70（NO.09）
14　スプリングホックをつける。→p.40（NO.01）
15　裾の内側に糸ループをつける。→p.31

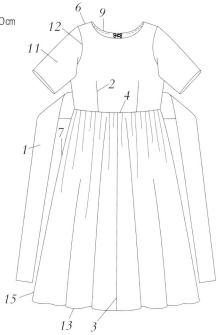

出来上り寸法　　　　　　　　　　　　　（単位は㎝）

サイズ	5号	7号	9号	11号	13号
バスト	84	88	92	96	100
ウエスト	65	69	73	77	81
ヒップ	103	107	111	115	119
袖丈	27.6	27.8	28	29	30
着丈	111.5	111.5	115.5	115.5	119.5

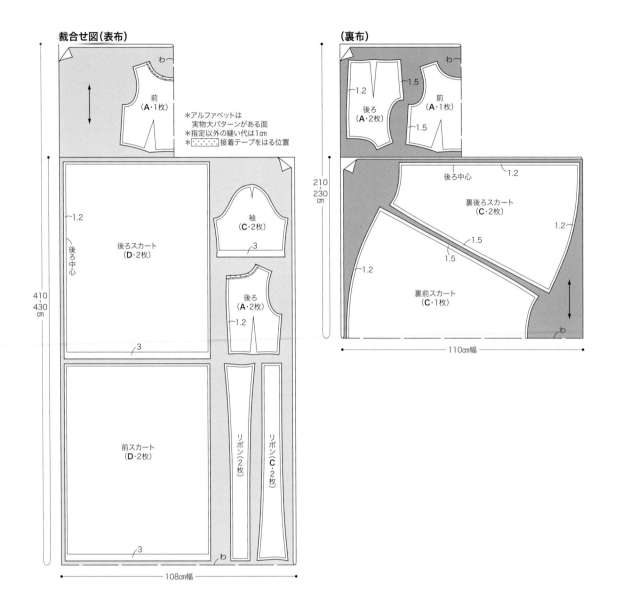

裁合せ図(表布)

前（**A**・1枚）

＊アルファベットは
　実物大パターンがある面
＊指定以外の縫い代は1cm
＊ [:::::] 接着テープをはる位置

わ

1.2

後ろスカート（**D**・2枚）

後ろ中心

袖（**C**・2枚）

3

後ろ（**A**・2枚）

1.2

3

前スカート（**D**・2枚）

リボン（**C**・2枚）

リボン（2枚）

3

わ

410
・
430
cm

108cm幅

（裏布）

わ

1.2

1.5

後ろ（**A**・2枚）

前（**A**・1枚）

1.5

後ろ中心

1.2

裏後ろスカート（**C**・2枚）

1.2

1.5

1.5

1.2

裏前スカート（**C**・1枚）

わ

210
・
230
cm

110cm幅

1　リボンを作る。

1

リボン（裏）

カット

リボン2枚を中表に合わせ、脇側を残して3辺を縫う。
次に端の角の縫い代を斜めにカットする。

2

リボン（表）

リボンを表に返してアイロンで整える。

4 ウエストを縫い合わせる。

1

ウエスト

0.3
0.5

2本の糸を一緒に引く

粗い針目でミシン

＊前スカートも同様

後ろスカート、前スカートともウエストの縫い代に、粗い針目でミシンを2本かける。次に裏面の粗ミシンの糸を2本一緒に引いてギャザーを寄せ、身頃のウエスト寸法に合わせて縮める。

2

後ろ（裏）

ウエスト

後ろスカート（裏）

＊前ウエストも同様

ギャザーを寄せたスカートと身頃のウエストを中表に合わせて縫う。縫い代は身頃側に倒してアイロンで整える。

7 身頃とスカートの脇を続けて縫う。

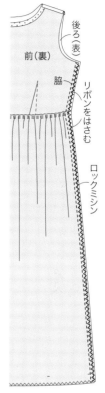

前（裏）

後ろ（表）

脇

リボンをはさむ

ロックミシン

前身頃と後ろ身頃の脇を中表に合わせ、ウエストあたりにリボンをはさんで、身頃とスカートの脇を続けて縫う。縫い代は2枚一緒にロックミシンをかけて始末し、後ろ側に倒しておく。

11 袖を作る。

1

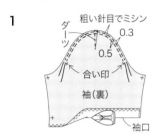

ダーツ

粗い針目でミシン

0.3
0.5

合い印

袖（裏）

袖口

まず袖口の縫い代をアイロンで裏面に折っておく。袖山のダーツを中表につまんで縫い、縫い代を後ろ側に倒す（40ページを参照）。次に袖山の縫い代に、いせ用に粗い針目のミシンを2本かける。

2

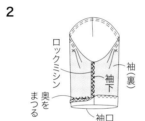

ロックミシン

袖（裏）

奥をまつる

袖下

袖口

袖口の折った縫い代を開き、袖を中表に折って袖下を縫い、縫い代に2枚一緒にロックミシンをかけて後ろ側に倒す。次に袖口の縫い代をもう一度折って整え、奥をまつる。

12 袖をつける。

1

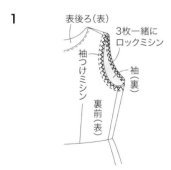

表後ろ（表）

3枚一緒にロックミシン

袖つけミシン

袖（裏）

裏前（表）

身頃の袖ぐりに袖を中表に合わせる。袖山の粗ミシンの糸を2本一緒に引いて袖山をいせ、いせをバランスよく配分して袖ぐりを縫う。縫い代は3枚一緒にロックミシンをかけて始末する。

2

袖（表）

表前（表）

袖を表に返し、袖つけ縫い代を袖側に倒してアイロンで整える。

04 ロングジャケット（羽織ワンピース）(口絵 P.10)

パターン（B、D 面）

04 前身頃・前見返し　04 前脇身頃　04 後ろ身頃
04 後ろ脇身頃　04 袖　04 袖口見返し
04 リボン　04 リボン通し布　04 袋布　04 裏袖

材料

表布 綿ローン花プリント＝108cm幅 5・7・9号3m90cm、11・13号4m30cm
裏布＝90cm幅 5・7・9号2m90cm、11・13号3m10cm
接着芯＝90cm幅1m30cm
接着テープ＝1.2cm幅適宜
プラスチックスナップ＝直径2.1cm7組み
くるみボタン＝直径1.8cm1個

下準備

・前身頃、前見返し、袖口見返しの裏面に接着芯をはる。
・衿ぐり、前端、ポケット口の縫い代に接着テープをはる。前
　身頃は接着芯に重ねて接着テープをはる。
・脇、裾（前身頃を除く）の縫い代にロックミシン（またはジグ
　ザグミシン）をかける。

作り方

1　前脇身頃のタックを縫う。→図
2　前身頃と前脇身頃を縫い合わせる。縫い代は2枚一緒に
　　ロックミシンをかけて脇側に倒す。
3　後ろ身頃と後ろ脇身頃を縫い合わせる。縫い代は2枚一
　　緒にロックミシンをかけて脇側に倒す。
4　後ろ中心を縫う。縫い代は2枚一緒にロックミシンをかけ
　　て左身頃側に倒す。
5　リボン通し布を作ってつける。→図
6　肩を縫う。縫い代は割る。
7　袖口に見返しをつける。→図
8　袖をつける。身頃の袖ぐりに袖を中表に合わせて縫い、縫
　　い代は身頃側に倒す。
9　袖下～脇を縫い、ポケットを作る。→図
10　裏布を縫い合わせる。→図
11　前端～衿ぐりを縫う。→図
12　裾の始末をする。→図
13　裾の脇と後ろ中心の内側に糸ループをつける。→p.31
14　前端にスナップ、くるみボタンをつける。右前端の見返し
　　側に凹スナップ、左前端の表面に凸スナップをつける。く
　　るみボタンは右前端表面のいちばん上にだけつける。
15　リボンを作り（→図）、後ろ身頃のリボン通し布に通す。

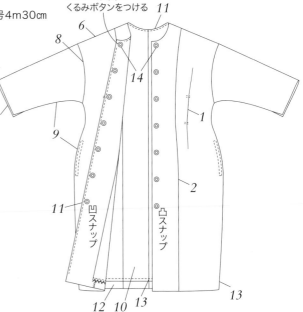

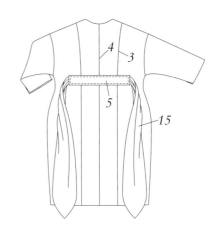

出来上り寸法　　　　　　　　　　　（単位はcm）

サイズ	5号	7号	9号	11号	13号
バスト	113	117	121	125	129
ウエスト	94	98	102	106	110
ヒップ	116	120	124	128	132
袖丈	36	36	38	38	40
着丈	106	106	110	110	114

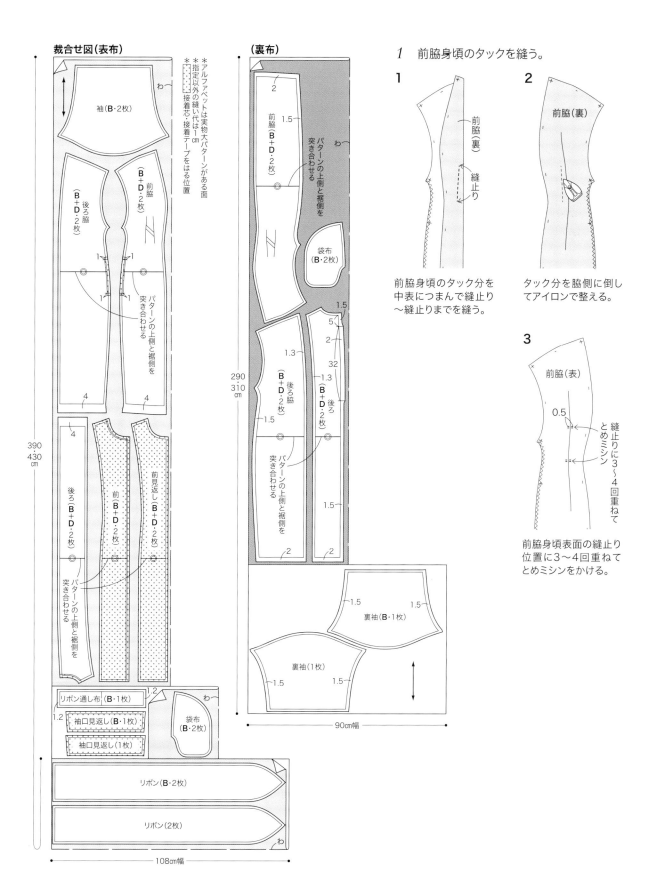

裁合せ図(表布)

袖(B・2枚)

前脇
(B+D・2枚)

後ろ脇
(B+D・2枚)

パターンの上側と裾側を突き合わせる

後ろ(B+D・2枚)

前(B+D・2枚)

前見返し(B+D・2枚)

パターンの上側と裾側を突き合わせる

リボン通し布(B・1枚)

袖口見返し(B・1枚)

袖口見返し(1枚)

袋布(B・2枚)

リボン(B・2枚)

リボン(2枚)

390 430 ㎝

108㎝幅

＊アルファベットは実物大パターンがある面
＊指定以外の縫い代は1cm
＊接着芯・接着テープをはる位置

(裏布)

前脇(B+D・2枚)

パターンの上側と裾側を突き合わせる

袋布(B・2枚)

後ろ脇(B+D・2枚)

後ろ(B+D・2枚)

パターンの上側と裾側を突き合わせる

裏袖(B・1枚)

裏袖(1枚)

290 310 ㎝

90㎝幅

1 前脇身頃のタックを縫う。

1

前脇(裏)

縫止り

前脇身頃のタック分を
中表につまんで縫止り
〜縫止りまでを縫う。

2

前脇(裏)

タック分を脇側に倒し
てアイロンで整える。

3

前脇(表)

0.5

縫止りに3〜4回重ねて
とめミシン

前脇身頃表面の縫止り
位置に3〜4回重ねて
とめミシンをかける。

5 リボン通し布を作ってつける。

1

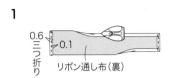

0.6 三つ折り
0.1
リボン通し布（裏）

リボン通し布の両脇の縫い代を三つ折りにしてステッチをかける。次に上下の縫い代をアイロンで裏面に折る。

2

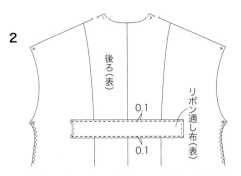

後ろ（表）
0.1
0.1
リボン通し布（表）

後ろ身頃表面のつけ位置にリボン通し布をまち針でとめ、上下にステッチをかけて縫いとめる。

7 袖口に見返しをつける。

1

袖（表）
スリット止り
袖口見返し（裏）
角をカット

袖と袖口見返しを中表に合わせてスリット止り～袖口～スリット止りを縫う。次に袖口の角の縫い代を斜めにカットする。

2

袖（裏）
袖口見返し（表）

袖口見返しを袖の裏面に返し、袖口をアイロンで整える。

3

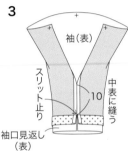

袖（表）
スリット止り
10
中表に縫う
袖口見返し（表）

スリット止りから10cmぐらい上まで、袖下を中表に合わせて縫う。縫い代は割る。

4

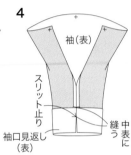

袖（表）
スリット止り
中表に縫う
袖口見返し（表）

袖口見返しのスリット止りから上の袖下を中表に合わせて縫い、縫い代を割る。

9 袖下～脇を縫い、ポケットを作る。

1

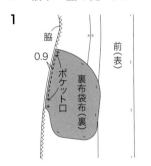

脇
0.9
ポケット口
裏布袋布（裏）
前（表）

前身頃の脇に裏布袋布を中表に合わせ、ポケット口を0.9cmの縫い代で縫う。

2

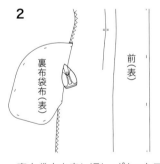

裏布袋布（表）
前（表）

裏布袋布を表に返し、ポケット口をアイロンで整える。

3

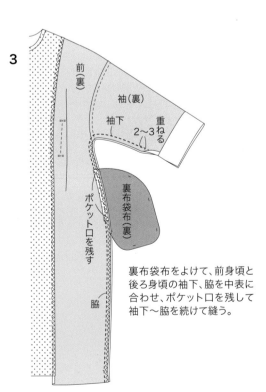

前（裏）
袖（裏）
袖下
重ねる2～3
ポケット口を残す
裏布袋布（裏）
脇

裏布袋布をよけて、前身頃と後ろ身頃の袖下、脇を中表に合わせ、ポケット口を残して袖下～脇を続けて縫う。

9 の続き

4

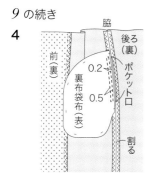

袖下〜脇の縫い代をアイロンで割り、前のポケット口にステッチをかける。

5

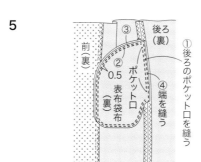

裏布袋布に表布袋布を中表に重ね、まず後ろのポケット口を中表に縫う（①）。次に袋布の外回りの出来上り線を縫い（②）、さらに0.5cm外側を縫う（③）。袋布と後ろ脇の縫い代端をミシンで押さえる（④）。

6

身頃の表面から袋布まで通してポケット口の上下に3〜4回重ねてとめミシンをかける。

10 裏布を縫い合わせる。

1

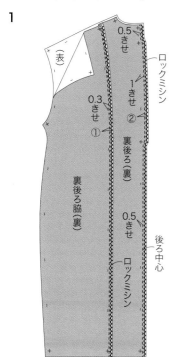

裏後ろ身頃と裏後ろ脇身頃を中表に合わせ、0.3cmのきせをかけて縫い（きせのかけ方は30ページを参照）、縫い代は2枚一緒にロックミシンをかけて中心側に倒す（①）。次に後ろ中心を中表に合わせ、図のようにきせをかけて縫う（②）。縫い代は2枚一緒にロックミシンをかけて右身頃側に倒す。

2

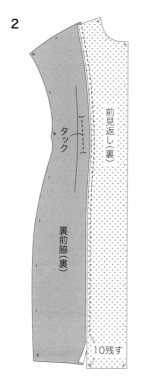

裏前脇身頃のタックを表布と同様に縫う。次に裏前身頃と前見返しを中表に合わせ、裾から10cmぐらいを残して縫い、縫い代を脇側に倒す。

3

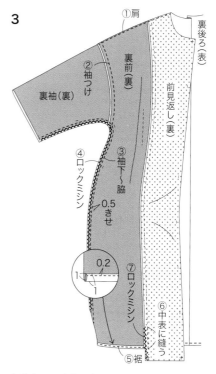

裏前身頃と裏後ろ身頃の肩を縫い合わせて縫い代を後ろ側に倒す（①）。裏身頃の袖ぐりには裏袖を中表に合わせて縫い、縫い代を袖側に倒す（②）。次に前後の袖下〜脇を0.5cmのきせをかけて縫い（③）、縫い代に2枚一緒にロックミシンをかけ（④）、後ろ側に倒す。裾は縫い代を三つ折りにしてステッチをかける（⑤）。最後に前見返しの裾の縫い残した部分を縫い（⑥）、その縫い代に2枚一緒にロックミシンをかける（⑦）。

11 前端〜衿ぐりを縫う。

1 表身頃と裏身頃を中表に合わせ、前見返しの裾〜前端〜衿ぐりを縫う。衿ぐり縫い代には切込みを入れ、前端の上下の角は縫い代を斜めにカットする。次に裏袖の袖口と表袖の袖口見返しの縫い代端を突き合わせるようにして中表に合わせ、袖口をぐるっと輪に縫う。

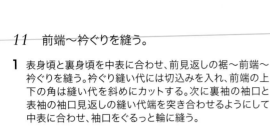

切込み

表袖・後ろ側（裏）

裏袖・後ろ側（裏）

袖口見返し

突き合わせるように中表に合わせて縫う

前見返し（裏）

前端

裏後ろ（裏）

裏前（裏）

カット

表前（表）

2 表に返して前端〜衿ぐりをアイロンで整え、表身頃をよけて見返し、裏身頃と縫い代だけにミシンをかける。袖の裏布は袖口から6cm控えてアイロンで整える。

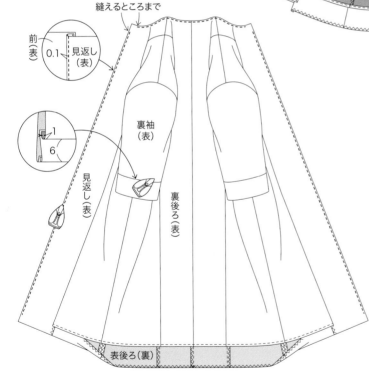

縫えるところまで

前（表）

0.1

見返し（表）

1
6

見返し（表）

裏袖（表）

裏後ろ（裏）

表後ろ（裏）

12 裾の始末をする。

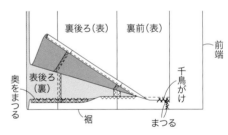

裏後ろ（表）

裏前（表）

前端

奥をまつる

表後ろ（裏）

裾

千鳥がけ

まつる

表布の裾縫い代を折り、奥をまつる。裏布の裾の前端側は、2〜3cmを千鳥がけでとめる。

15 リボンを作る。

1

中表

カット

リボン（裏）

中央

10　返し口

リボンを2枚ずつ中表に合わせて中央を縫い、縫い代を割る。その2枚を中表に合わせ、返し口を残して周囲を縫う。両端は縫い代をカットしておく。

2

リボン（表）

まつる

返し口から表に返してアイロンで形を整え、返し口をまつる。

05 ラウンドネック、7分タイトスリーブ、タイトスカート (口絵 P.12)

パターン（A、C面）

05 前身頃　05 後ろ身頃　05 袖
05 前スカート　05 後ろスカート
＊スリットあき用バイアス布、袖ぐり用バイアス
　布は、裁合せ図の寸法で直接布を裁つ。

材料

表布 コードレース（片耳スカラップ）＝105cm幅
5・7・9号2m40cm、11・13号2m60cm
裏布（袖分を除く）＝90cm幅 5・7・9号2m20cm、
11・13号2m40cm
コンシールファスナー＝56cm1本
スプリングホック＝1組み

作り方のポイント

・表布は片耳がスカラップになったコードレース
　です。裾と袖口にはスカラップをそのまま利用し
　ます。またほつれにくいため縫い代は裁切りの
　ままです。縫い代の始末が必要な布は、ロックミ
　シン（またはジグザグミシン）で始末をしてくだ
　さい。
・レースは透けるので、裏布はレースの裏面に裏
　布の表面を合わせて仕立てます。

作り方

1　身頃、スカートのダーツを縫う。身頃のダーツ
　　の縫い方は→p.36（NO.01）。スカートのダ
　　ーツも同様に縫う。
2　肩を縫う。→p.36（NO.01）
3　身頃の脇を縫う。→p.36（NO.01）
4　スカートの後ろ中心を縫う。→図
5　スカートの脇を縫う。→p.72（NO.10）
6　ウエストを縫い合わせる。→p.38（NO.01）
7　コンシールファスナーをつける。→p.27
8　裏布を縫い合わせる。→図
9　衿ぐりを縫う。→p.39（NO.01）ただし、表布
　　と裏布は中表ではなく、表布の表面に裏布の
　　裏面を重ねて縫う。
10　ファスナーあきの裏布をまつり、スリットの始
　　末をする。→図
11　袖を作る。→図
12　袖をつける。→図
13　スプリングホックをつける。→p.40（NO.01）
14　裾の脇の内側に糸ループをつける。→p.31

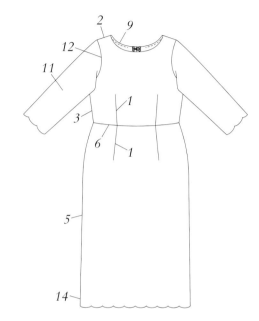

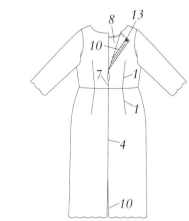

出来上り寸法　　　　　　　　　（単位はcm）

サイズ	5号	7号	9号	11号	13号
バスト	84	88	92	96	100
ウエスト	65	69	73	77	81
ヒップ	90	94	98	102	106
袖丈	43	43	45	45	47
着丈	106.5	106.5	110.5	110.5	114.5

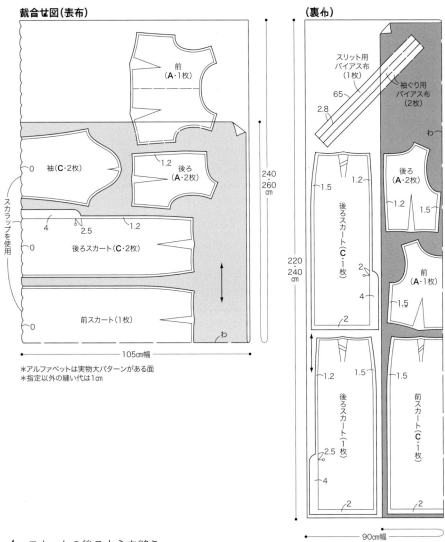

裁合せ図（表布）

前
（A・1枚）

240
260
cm

袖（C・2枚）　0　0

スカラップを使用

1.2
後ろ
（A・2枚）

4　2.5　1.2
後ろスカート（C・2枚）　0

前スカート（1枚）　0

わ

105cm幅

＊アルファベットは実物大パターンがある面
＊指定以外の縫い代は1cm

（裏布）

スリット用
バイアス布
（1枚）

65

2.8

袖ぐり用
バイアス布
（2枚）

わ

220
240
cm

1.5

1.2
後ろスカート（C・1枚）

1.2
後ろ
（A・2枚）
1.2　1.5

2
4
2

前
（A・1枚）
1.5

1.2　1.5
後ろスカート（1枚）
2.5　1.5
前スカート（C・1枚）
4
2　2

90cm幅

4　スカートの後ろ中心を縫う。

1

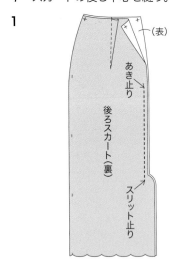

（表）
あき止り
後ろスカート（裏）
スリット止り

表布の後ろスカートの後ろ中心を中表に合わせ、あき止り〜スリット止りまでを縫う。あき止り、スリット止りともしっかり返し縫いをする。

2

後ろスカート（裏）
②切込み
0.4
0.2
①縫う
スリット止り

スリット止りの縫い代部分を中表のまま図のように縫い、切込みを入れる。

3

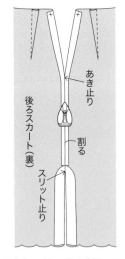

あき止り
後ろスカート（裏）
割る
スリット止り

後ろ中心の縫い代を割り、アイロンで整える。

54

8 裏布を縫い合わせる。

1

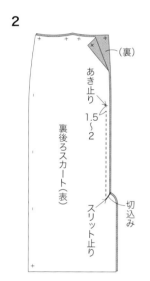

裏前身頃、裏後ろ身頃ともダーツ分を中表につまんで縫い、縫い代を中心側に倒す（①）。次に前後を中表に合わせて肩、脇の順に縫い（②、③）、縫い代はそれぞれ2枚一緒にロックミシンをかけて後ろ側に倒す。このとき、脇は0.5cmのきせをかけて縫う。きせのかけ方は30ページを参照。

2

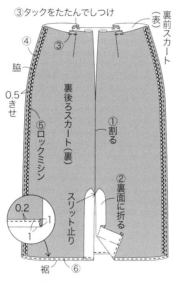

裏後ろスカートの後ろ中心を外表に合わせ、あき止りの1.5～2cm下からスリット止りまでを縫う。次にスリット止りの縫い代に切込みを入れる。

3

裏後ろスカートの後ろ中心のあき止りからスリット止りまでの縫い代を割り（①）、スリット止りから下の縫い代は裏面に折る（②）。前、後スカートともウエストのタックはたたんでしつけをかける（③）。次に前後の脇を中表に合わせてきせをかけて縫い（④）、縫い代は2枚一緒にロックミシンをかけて後ろ側に倒す（⑤）。裾は縫い代を三つ折りにしてステッチをかける（⑥）。

4

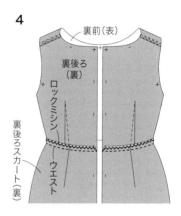

裏身頃と裏スカートのウエストを中表に合わせて縫う。縫い代は2枚一緒にロックミシンをかけて身頃側に倒す。

10 ファスナーあきの裏布をまつり、スリットの始末をする。

1

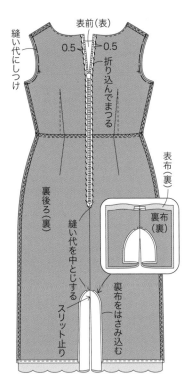

縫い代にしつけ

表前（表）

0.5　0.5

折り込んでまつる

表布（裏）

裏布（裏）

裏後ろ（裏）

縫い代を中とじする

裏布をはさみ込む

スリット止り

裏布の後ろ中心の縫い代を、ファスナーの務歯から0.5cm控えて折り込み、ファスナーテープにまつる。袖ぐりは表布と裏布をよくなじませてしつけをかける。スリット部分は表布の縫い代との間に裏布をはさみ込んで整え、あき止りから下の縫い代を中とじ（表布と裏布の縫い代どうしを縫いとめること）をする。

2

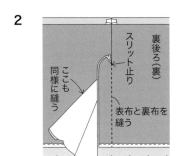

裏後ろ（裏）

スリット止り

ここも同様に縫う

表布と裏布を縫う

スリット止りから下の表布と裏布を縫う。

3

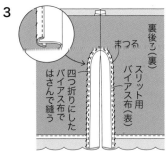

まつる

裏後ろ（裏）

スリット用バイアス布（表）

四つ折りにしたバイアス布ではさんで縫う

スリット用バイアス布をアイロンで四つ折りにし、スリットあきの縫い代端を2枚一緒にはさんで縫う。次にバイアス布の端をまつる。

11　袖を作る。

1

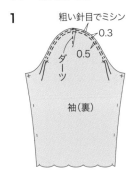

粗い針目でミシン

0.3

0.5

ダーツ

袖（裏）

袖山のダーツを中表につまんで縫い、縫い代を後ろ側に倒す。次に袖山の縫い代に、いせ用に粗い針目のミシンを2本かける。

2

後ろに倒す

袖（裏）

袖下

袖を中表に折って袖下を縫い、縫い代を後ろ側に倒す。

12　袖をつける。

1

裏前（裏）

袖つけミシン

袖（裏）

0.7

身頃の袖ぐりに袖を中表に合わせ、袖山の粗ミシンの糸を2本一緒に引いて、いせをバランスよく配置し、袖ぐりを縫う。次に縫い代の端寄りに押えミシンをかける。

2

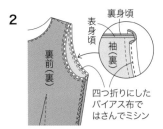

裏身頃

表身頃

袖（裏）

裏前（裏）

四つ折りにしたバイアス布ではさんでミシン

袖ぐり用バイアス布をアイロンで四つ折りにし、袖つけ縫い代を四つ折りにしたバイアス布ではさんで縫う。

06 クルーネックスタンドカラー、7分ワイドスリーブ、タイトスカート (口絵 P.14)

パターン（A、B、C 面）

06 前身頃　06 後ろ身頃　06 前スカート　06 後ろスカート
06 前ウエストヨーク　06 衿　06 上袖　06 下袖
06 カフス　06 裏前身頃
＊袖ぐり用バイアス布は、裁合せ図の寸法で直接布を裁つ。

材料

表布A ヘビーサテン＝146㎝幅 5・7・9号1m50㎝、11・13号1m70㎝
表布B コードレース＝105㎝幅 5・7・9号1m40㎝、11・13号1m60㎝
裏布（スカート用）＝90㎝幅 5・7・9号1m70㎝、11・13号1m90㎝
接着芯＝90㎝幅40㎝
コンシールファスナー＝56㎝1本
スプリングホック＝1組み

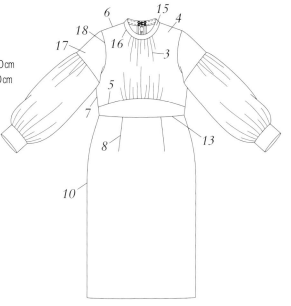

作り方のポイント

・前身頃と後ろ身頃は、表布Bのレースの裏面に、表布Aを裏打
　ちして仕立てます。

下準備

・衿、前ウエストヨークの1枚、カフス、後ろスカートのスリット
　あきの縫い代の裏面に接着芯をはる。前ウエストヨークは接
　着芯をはったほうを表ウエストヨークにする。
・表スカートの後ろ中心、脇、裾の縫い代にロックミシン（また
　はジグザグミシン）をかける。

作り方

1　後ろ身頃の裏打ちをする。→図
2　後ろ身頃のダーツを縫う。→図
3　前身頃にギャザーを寄せる。→図
4　前身頃の裏打ちをする。→図
5　前身頃と前ウエストヨークを縫い合わせる。→図
6　身頃の肩を縫い合わせる。縫い代は割る。
7　身頃の脇を縫い合わせる。縫い代は割る。
8　スカートのダーツを縫う。前スカート、後ろスカートとも縫い代は中心側に倒す。
9　スカートの後ろ中心を縫い、スリットを整える。→図
10　スカートの脇を縫い合わせる。縫い代は割る。
11　裾の始末をする。裾縫い代をアイロンで折り上げて奥をまつる。
12　スカートの裏布を縫い、表スカートと合わせる。→図
13　ウエストを縫う。→p.38(NO.01)ただし縫い代はロックミシンで始末して身頃側に倒す。
14　後ろ中心にコンシールファスナーをつける。→p.27
15　衿を作る。→図
16　衿をつける。→図
17　袖を作る。→図
18　袖をつける。→p.56(NO.05)
19　衿の後ろ端にスプリングホックをつける。→図

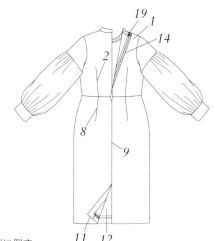

出来上り寸法　（単位は㎝）

サイズ	5号	7号	9号	11号	13号
バスト	84	88	92	125	100
ウエスト	65	69	73	77	81
ヒップ	90	94	98	102	106
袖丈	59	59	61	61	63
着丈	111	111	115	115	119

裁合せ図（表布A）

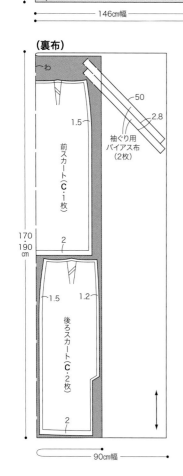

カフス（B・2枚）
表カフス
裏カフス
1.3
1.2
（B・裏打ち用・2枚）
後ろ
裏前（B・裏打ち用・1枚）
前ウエストヨーク（B・2枚）
衿（B・2枚）
芯は1枚だけにはる
1.2
後ろスカート（C・2枚）
前スカート（C・1枚）
4
わ
150・170cm
146cm幅

（表布B）

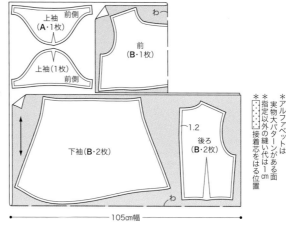

上袖　前側（A・1枚）
上袖（1枚）前側
前（B・1枚）
わ
下袖（B・2枚）
後ろ（B・2枚）
1.2
140・160cm
105cm幅

＊アルファベットは実物大パターンがある面
＊指定以外の縫い代は1cm
＊接着芯をはる位置

（裏布）

わ
50
2.8
1.5
袖ぐり用バイアス布（2枚）
前スカート（C・1枚）
170・190cm
2
1.5
1.2
後ろスカート（C・2枚）
2
90cm幅

1 後ろ身頃の裏打ちをする。

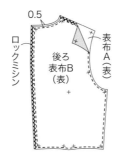

0.5
ロックミシン
後ろ表布B（表）
表布A（表）

表布Aの後ろ身頃の表面に表布B（レース）の後ろ身頃を、表面を上にして重ね、2枚がずれないように周囲の縫い代にミシンをかける。次に後ろ中心、肩、脇の縫い代にロックミシンをかける。2枚重ねたものを1枚の身頃として縫っていく。

2 後ろ身頃のダーツを縫う。

後ろ（裏）
中心側に倒す

ダーツ分を中表につまんで縫う。縫い代は中心側に倒してアイロンで整える。

3 前身頃にギャザーを寄せる。

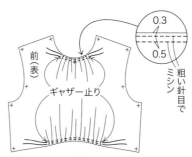

前（表）
ギャザー止り
0.3
0.5
粗い針目でミシン

前身頃の衿ぐりとウエスト側の縫い代のギャザー止り～ギャザー止りの間に、粗い針目で2本ミシンをかけ、表面の糸を2本一緒に引いてギャザーを寄せる。

4 前身頃の裏打ちをする。

1

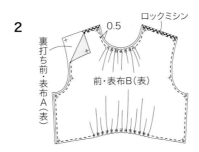

前・表布A（裏）

中心側に倒す

表布Aの前身頃のウエストダーツを縫
う。縫い代は中心側に倒す。

2

ロックミシン

0.5

裏打ち前・表布A（表）

前・表布B（表）

表布Aの前身頃の表面にギャザーを寄せたレー
スの前身頃を、表面を上にして重ね、2枚が
ずれないように周囲の縫い代を縫う。次に肩
縫い代に2枚一緒にロックミシンをかける。

5 前身頃と前ウエストヨークを縫い合わせる。

1

前（表）

表前ウエストヨーク（裏）

裏前ウエストヨーク（表）

2枚の前ウエストヨークを中表に合わ
せ、間に表前ウエストヨークと中表に
なるように前身頃をはさんで縫う。

2

前（表）

表前ウエストヨーク（表）

前ウエストヨークを表に返してアイロ
ンで整え、脇縫い代にロックミシンを
かける。

9 スカートの後ろ中心を縫い、スリットを整える。

1

後ろスカート（表）

スリット止り

裾

後ろ中心のスリット部分の縫い代
を中表に折り、裾を縫う。

2

（表）

あき止り

切込み

1

後ろスカート（裏）

スリット止り

スリットの裾を表に返して整える。左右の後ろスカートを
中表に合わせ、あき止りからスリット止りまで後ろ中心を
縫う。あき止り、スリット止りともしっかり返し縫いを
する、次にあき止りから1㎝下の縫い代に切込みを入れる。

3

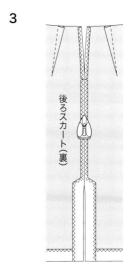

後ろスカート（裏）

後ろ中心の縫い代をアイロンで割
って整える。裾縫い代もアイロン
で折っておく。

12 スカートの裏布を縫い、表スカートと合わせる。

1

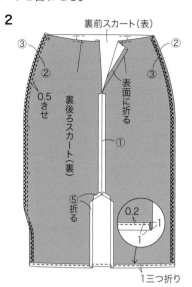

タックをたたんでミシン
（表）
あき止り
切込み
1
切込み
裏後ろスカート（裏）

2

裏前スカート（表）
③
②
②
②
0.5きせ
①
裏後ろスカート（裏）
表面に折る
③
⑤折る
0.2
1
1
1三つ折り

3

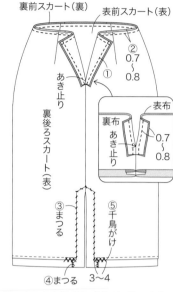

裏前スカート（裏）　表前スカート（表）
②
0.7
0.8
あき止り
裏後ろスカート（表）
裏布
表布
あき止り
0.7〜0.8
①
③まつる
④まつる
⑤千鳥がけ
3〜4

裏後ろスカート、裏前スカートともウエストのタックをたたんで縫い代を縫いとめておく。左右の裏後ろスカートを中表に合わせ、あき止りの1cm下から後ろ中心を縫う。次にあき止りの1cm下と、スリットあき部分の角の縫い代に切込みを入れる。

裏後ろスカートの切込みから下の後ろ中心の縫い代を割り（①）、裏前スカートと中表に合わせて0.5cmのきせをかけて脇を縫う（②）。脇縫い代は2枚一緒にロックミシンをかけて（③）、後ろ側に倒す。次に裾の縫い代を三つ折りにしてステッチをかけ（④）、スリットあきの縫い代をアイロンで折る（⑤）。

表、裏スカートを外表に合わせ、後ろ中心の切込み位置で、図のようにあき止りから上の縫い代を重ねてミシンをかけ（①）、ウエスト縫い代もミシンでとめる（②）。次に裏布のスリットあきをまつり（③）、さらに表布のスリットの縫い代端を裾縫い代にまつり（④）、裏布の裾の端を千鳥がけでとめる（⑤）。

15 衿を作る。

1

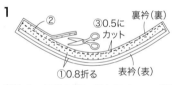

②
③0.5にカット
裏衿（裏）
①0.8折る
表衿（表）

2

0.1
表衿（表）
裏衿（表）

3

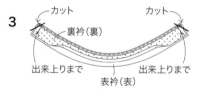

カット　カット
裏衿（裏）
出来上りまで　出来上りまで
表衿（表）

4

表衿（表）　裏衿（表）

裏衿のつけ側の縫い代をアイロンで裏面に0.8cm折り（①）、表衿と中表に合わせて上側を縫う（②）。縫い代は0.5cmにカットする。

1の縫い代を裏衿側に倒し、表衿をよけて、裏衿と縫い代だけにミシンをかける。

もう一度表衿と裏衿を中表に合わせ、両端を縫う。下側は出来上りで縫い止める。次に衿先の角の縫い代を斜めにカットする。

衿を表に返してアイロンで整える。

16 衿をつける。

1

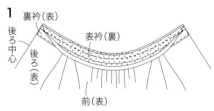

裏衿（表）
後ろ中心
後ろ（表）
表衿（裏）
前（表）

2

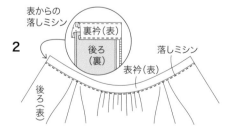

表からの落しミシン
裏衿（表）
後ろ（裏）
表衿（表）
落しミシン
後ろ（表）

身頃の衿ぐりに表衿を中表に合わせ、裏衿をよけて身頃と表衿を縫う。

衿を表に返し、衿つけ縫い代を衿ではさんで表衿側から衿つけ縫い目に落しミシンをかけて裏衿を縫いとめる。

17 袖を作る。

1

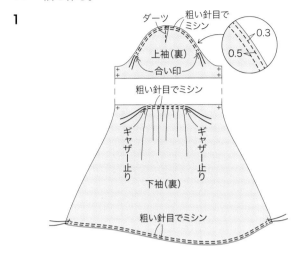

上袖は袖山のダーツを縫い、袖山の縫い代にいせ用の粗ミシンを2本かける。下袖は上側と下側の縫い代にそれぞれギャザー用の粗ミシンを2本かけ、上側は裏面の糸を2本一緒に引いてギャザーを寄せる。

2

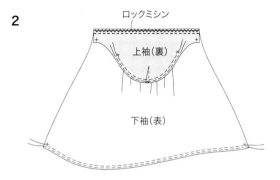

上袖とギャザーを寄せた下袖を中表に合わせて縫う。縫い代は2枚一緒にロックミシンをかけて上袖側に倒す。

3

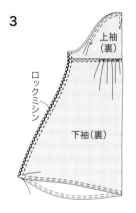

袖を中表に折って袖下を縫う。縫い代は2枚一緒にロックミシンをかけて後ろ側に倒す。

4

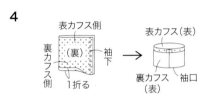

カフスを縫う。まず裏カフス側の縫い代をアイロンで1cm折ってから、カフスを中表に折って袖下を縫う。次に袖口から外表に折る。

5

下袖袖口の粗ミシンの糸を2本一緒に引いてギャザーを寄せ、表カフスと中表に合わせて縫う。

6

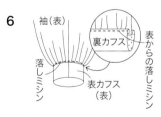

5の縫い代をカフス側に倒し、裏カフスをかぶせる。袖の表面から5の縫い目に落しミシンをかけて裏カフスを縫いとめる。

19 衿の後ろ端に
スプリングホックをつける。

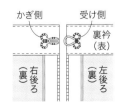

衿の後ろ端の裏衿側に右身頃側にかぎ側を、
左身頃側に受け側をつける。

07 Vネック、ノースリーブ、ギャザースカート (口絵 P.16)

パターン（D面）

07 前身頃　07 後ろ身頃　07 前ウエストヨーク

07 後ろウエストヨーク　07 前後スカート

材料

表布A 二重梨地＝140cm幅50cm

表布B プラチナグログラン＝112cm幅 5・7・9号3m80cm、
11・13号4m

裏布＝90cm幅 5・7・9号4m40cm、11・13号4m60cm

接着テープ＝1.2cm幅適宜

コンシールファスナー＝56cm1本

スプリングホック＝1組み

下準備

・衿ぐり、袖ぐりの縫い代の裏面に接着テープをはる。

・表スカートの後ろ中心、裾の縫い代にロックミシン
　（またはジグザグミシン）をかける。

作り方

1　ダーツを縫う。→p.36（NO.01）

2　肩を縫う。→p.36（NO.01）

3　裏身頃のダーツと肩を縫う。ダーツの縫い代は脇
　側に、肩の縫い代は後ろ側に倒す。

4　衿ぐり、袖ぐりを縫う。→図

5　身頃の脇を縫う。→図

6　ウエストヨークの脇を縫う。→図

7　表スカートの前後中心を縫う。後ろ中心はあき止
　りから下を縫い、縫い代を割る。前中心は縫い代を
　2枚一緒にロックミシンで始末して片側に倒す。

8　表スカートの脇を縫い、表ヨークと縫い合わせる。
　→図

9　表身頃と表ヨークを縫い合わせる。裏身頃をよけ
　て表身頃と表ヨークのウエストを中表に合わせて
　縫い、縫い代をヨーク側に倒す。

10　コンシールファスナーをつける。→p.27
　ただし裏身頃はよけてつける。

11　裏スカートを縫い合わせ、裏ヨークと縫い合わせ
　る。→図

12　裏ウエストヨークと裏身頃を縫い合わせる。縫い
　代はヨーク側に倒す。

13　ファスナーあきの裏布をまつる。→p.39（NO.01）

14　表スカートの裾をまつる。→p.70（NO.09）

15　スプリングホックをつける。→p.40（NO.01）

16　裾の脇の内側に糸ループをつける。→p.31

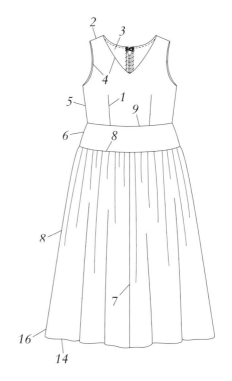

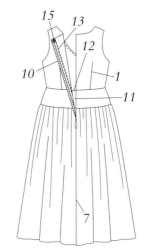

出来上り寸法				（単位はcm）
サイズ	5号	7号	9号	11号	13号
バスト	84	88	92	96	100
ウエスト	65	69	73	77	81
ヒップ	236	248	260	272	284
着丈	121.5	121.5	125.5	125.5	129.5

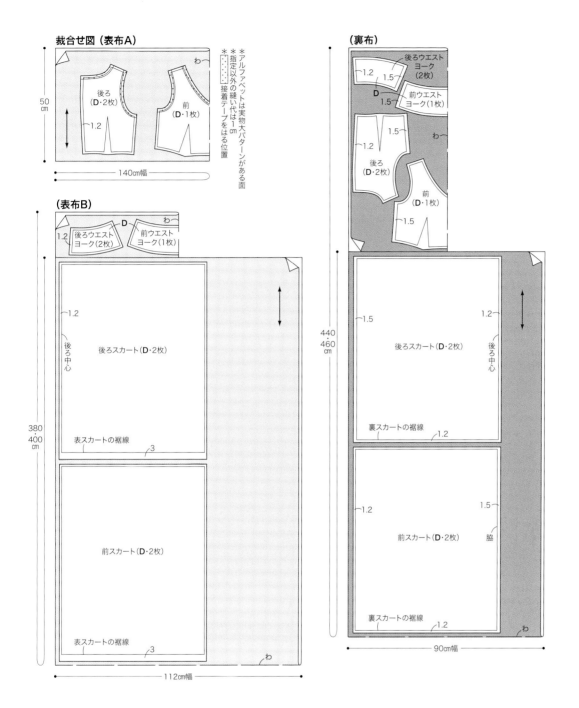

裁合せ図（表布A）

後ろ（D・2枚）

1.2

前（D・1枚）

わ

50cm

140cm幅

＊アルファベットは実物大パターンがある面
＊指定以外の縫い代は1cm
……接着テープをはる位置

（表布B）

後ろウエストヨーク（2枚）

1.2　D　前ウエストヨーク（1枚）

わ

後ろスカート（D・2枚）

1.2

後ろ中心

表スカートの裾線

3

前スカート（D・2枚）

1.2

表スカートの裾線

3

わ

380・400cm

112cm幅

（裏布）

後ろウエストヨーク（2枚）

1.2　1.5

D　前ウエストヨーク（1枚）

1.5

後ろ（D・2枚）

1.2　1.5

わ

前（D・1枚）

1.5

後ろスカート（D・2枚）

1.5　1.2

後ろ中心

裏スカートの裾線

1.2

前スカート（D・2枚）

1.2　1.5

脇

裏スカートの裾線

1.2

わ

440・460cm

90cm幅

4 衿ぐり、袖ぐりを縫う。

1

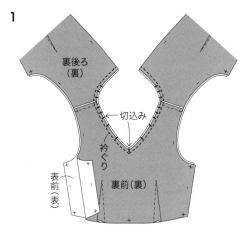

表身頃と裏身頃を中表に合わせ、衿ぐりを縫う。次に前中心の角と衿ぐりのカーブの縫い代に切込みを入れる。

2

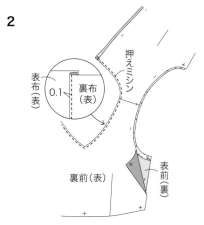

衿ぐりを表に返し、表布をよけて衿ぐりの裏布と縫い代だけにミシンをかける。

3

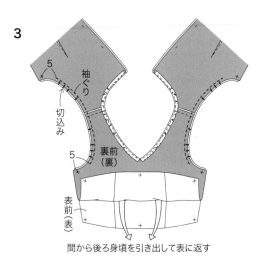

もう一度表身頃と裏身頃を中表に合わせ、前後とも脇から5cmぐらいを残して袖ぐりを縫う。縫った部分の縫い代には切込みを入れる。

4

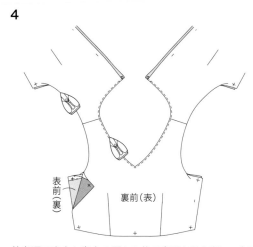

前身頃の表布と裏布の間から後ろ身頃を引き出して表に返し、衿ぐり、袖ぐりをアイロンで整える。

5 身頃の脇を縫う。

1

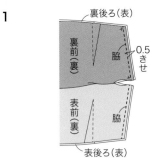

表身頃、裏身頃ともそれぞれ前後の脇を中表に合わせて縫う。裏布の脇は0.5cmのきせをかけて縫う。きせのかけ方は30ページを参照。

2

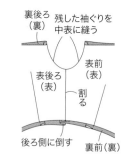

表布の脇縫い代は割り、裏布の脇縫い代はきせをかけて後ろ側に倒す。次に袖ぐりの縫い残した部分を中表に合わせて縫い、表に返して整える。

3

袖ぐりの表布をよけて、裏布と縫い代だけにミシンをかける。肩あたりはミシンをかけられるところまで縫う。

6 ウエストヨークの脇を縫う。

1

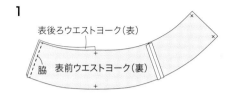

表後ろウエストヨーク（表）

脇　表前ウエストヨーク（裏）

表布の前ウエストヨークと後ろウエストヨークの
脇を中表に合わせて縫い、縫い代を割る。

2

裏後ろウエストヨーク（表）

0.5
きせ
裏前ウエストヨーク（裏）

裏布の前ウエストヨークと後ろウエストヨークの
脇を中表に合わせて、0.5cmのきせをかけて縫
う。縫い代は後ろ側に倒す。

8　表スカートの脇を縫い、
　　表ウエストヨークと縫い合わせる。

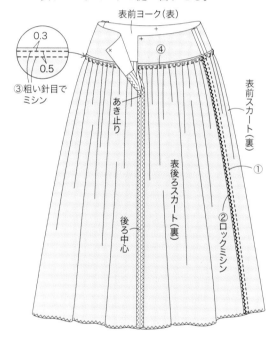

表前ヨーク（表）

0.3
0.5
③粗い針目で
ミシン

④

あき止り

表前スカート（裏）

表後ろスカート（裏）

後ろ中心

①

②ロックミシン

①前スカートと後ろスカートの脇を中表に合わせて縫う。
②脇縫い代に2枚一緒にロックミシンをかけて後ろ側に倒す。
③スカートのウエスト縫い代に粗い針目でミシンを2本かける。
④表スカートの2本の粗ミシンの糸を引いてギャザーを寄せ、
　表ヨークと中表に合わせて縫う。縫い代はヨーク側に倒す。

11　裏スカートを縫い合わせ、
　　　裏ウエストヨークと縫い合わせる。

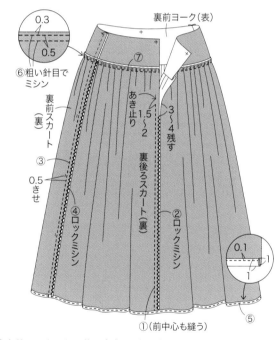

裏前ヨーク（表）

0.3
0.5
⑥粗い針目で
ミシン

裏前スカート
（裏）

③

0.5
きせ

④ロックミシン

⑦

あき止り
1.5
～2

3～4残す

裏後ろスカート（裏）

②ロックミシン

0.1
1
1

⑤

①（前中心も縫う）

①裏後ろスカートの後ろ中心を、あき止りの1.5～2cm下から裾まで縫
　う。裏前スカートの前中心も縫う。
②前後中心とも縫い代に2枚一緒にロックミシンをかけて片側に倒す。
③前後の脇を中表に合わせ、0.5cmのきせをかけて縫う。
④脇縫い代に2枚一緒にロックミシンをかけて後ろ側に倒す。
⑤裾の縫い代を三つ折りにしてステッチをかける。
⑥裏スカートのウエスト縫い代に、粗い針目でミシンを2本かける。
⑦裏スカートの粗ミシンの糸を2本一緒に引いてギャザーを寄せ、裏ウ
　エストヨークと縫い合わせる。縫い代はヨーク側に倒す。

08 ショートジャケット (口絵 P.18)

パターン（B、C面）

08 前身頃・前見返し　08 前脇身頃　08 後ろ身頃　08 後ろ脇身頃
08 袖　08 袖口見返し　08 表衿　08 裏衿　08 裏袖　08 当て布

材料

表布 コットンナイロングログラン＝148㎝幅 5・7・9号1m30㎝、
11・13号1m40㎝
裏布＝90㎝幅 5・7・9号1m70㎝、11・13号1m90㎝
接着芯＝90㎝幅1m
接着テープ＝1.2㎝幅適宜
ゴムテープ＝0.7㎝幅70㎝
スナップ＝直径1.7㎝4組み
くるみボタン＝直径1.8㎝1個

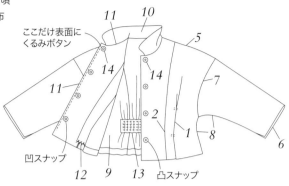

下準備

・前身頃、前見返し、表衿、裏衿、袖口見返しは裏面全面に、前脇身頃と後ろ脇身頃と後ろ身頃は裾縫い代の裏面に、それぞれ接着芯をはる。
・後ろ身頃の衿ぐり、前身頃の衿ぐりと前端の裏面の縫い代に、接着テープをはる。前端、前衿ぐりは接着芯に重ねてはる。
・当て布の周囲にロックミシン（またはジグザグミシン）をかける。

作り方

1　前脇身頃のタックを縫う。→p.49（NO.04）
2　前身頃と前脇身頃を縫い合わせる。縫い代は割る。
3　後ろ身頃と後ろ脇身頃を縫い合わせる。縫い代は割る。
4　後ろ中心を縫う。縫い代は割る。
5　肩を縫う。縫い代は割る。
6　袖口に見返しをつける。
　　→p.50（NO.04）
7　袖をつける。身頃の袖ぐりに袖を中表に合わせて縫い、縫い代は身頃側に倒す。
8　袖下～脇を続けて縫う。
　　→p.50（NO.04）
　　ただしポケットは作らない。
9　裏布を縫う。→図
10　衿を作る。→図
11　前端～衿ぐりを縫う。
　　→p.52（NO.04）
　　ただし、このときに表身頃と裏身頃の衿ぐりの間には衿をはさんで（表衿と裏身頃を中表に合わせる）、衿ぐりを縫う。
12　裾の始末をする。→図
13　後ろ身頃の内側に当て布をつけてゴムテープを通す。→図
14　前端にスナップ、くるみボタンをつける。右前端の見返し側に凹スナップ、左前端の表面に凸スナップをつける。くるみボタンは右前端の表面のいちばん上にだけ飾りボタンとしてつける。

裁合せ図（表布）

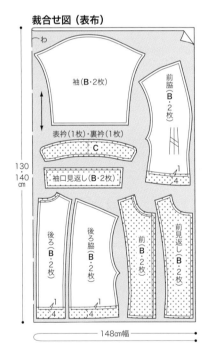

袖（B・2枚）
前脇（B・2枚）
表衿（1枚）・裏衿（1枚）
C
袖口見返し（B・2枚）
後ろ（B・2枚）
後ろ脇（B・2枚）
前（B・2枚）
前見返し（B・2枚）
130/140cm
148cm幅

（裏布）

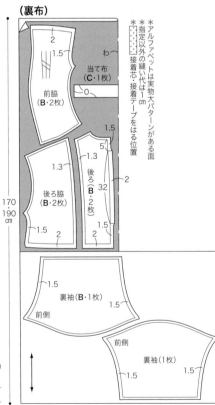

※アルファベットは実物大パターンがある面
※指定以外の縫い代は1㎝
■接着芯・接着テープをはる位置

当て布（C・1枚）
前脇（B・2枚）
後ろ脇（B・2枚）
裏袖（B・1枚）
前側
裏袖（1枚）
前側
170/190cm
90cm幅

出来上り寸法

(単位はcm)

サイズ	5号	7号	9号	11号	13号
バスト	113	117	121	125	129
ウエスト	94	98	102	106	110
袖丈	36	36	38	38	40
着丈	47.5	47.7	48	48.2	48.5

9 裏布を縫う。

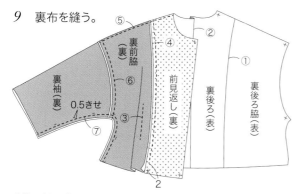

① 裏後ろ身頃と裏後ろ脇身頃を0.3cmのきせをかけて縫い、縫い代は中心側に倒す。きせのかけ方は30ページを参照。
② きせをかけて後ろ中心を縫う。→p.51（NO.04）
③ 裏前脇身頃のタックを縫い、タック分を脇側に倒す。
④ 前見返しと裏前脇身頃を縫い合わせる。裾から2cmを縫い残し、縫い代は脇側に倒す。
⑤ 肩を縫い、縫い代を後ろ側に倒す。
⑥ 裏袖をつける。縫い代は袖側に倒す。
⑦ 袖下〜脇を、0.5cmのきせをかけて縫う。縫い代は後ろ側に倒す。

10 衿を作る。

1

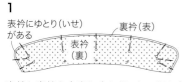

表衿と裏衿を中表に合わせ、合い印を合わせて外回りをまち針でとめる。表衿の衿先の丸みのあたりにはゆとりが入っているので、そのいせ分を均一になじませるように、さらに間を細かくまち針でとめる。

2

衿外回りを縫う。衿先の丸みの部分はいせ分をなじませながらミシンをかける。

3

外回りの縫い代を0.5cmにカットする。

4

衿を表に返し、裏衿を少し控えて外回りをアイロンで整える。

12 裾の始末をする。

1

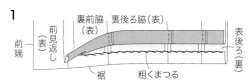

表布の裾縫い代をアイロンで折り上げて粗くまつる。

2

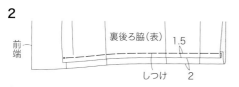

裏布の裾を表裾から2cm控えてアイロンで折り、1.5cm上にしつけをかける。

3

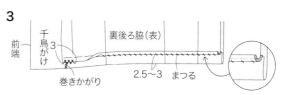

裏布の裾の折り山をめくって図のようにまつる。前見返しの縫い代端は巻きかがりでかがり、裏布の端は折り山を3cmぐらい千鳥がけでとめる。

13 後ろ身頃の内側に当て布をつけてゴムテープを通す。

1

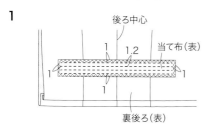

裏後ろ身頃の表面に当て布を重ね、ゴムテープを通すためのステッチを4本かける。

2

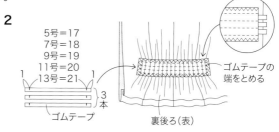

同じ長さのゴムテープを3本用意する。1のステッチの間にゴムテープを3本通し、両端をミシンでしっかり縫いとめる。

09 キャミソール、ノースリーブ、タックスカート (口絵 P.19)

パターン（A、B面）

09 前身頃　09 前脇身頃　09 後ろ身頃
09 後ろスカート　09 前スカート　09 肩ひも

材料

表布 コットンナイロングログラン＝148㎝幅 5・7・9号2m70㎝、
11・13号2m90㎝
裏布＝90㎝幅 5・7・9号3m60㎝、11・13号3m80㎝
接着芯＝40×40㎝
接着テープ＝1.2㎝幅適宜
コンシールファスナー＝56㎝1本
スプリングホック＝1組み

下準備

・肩ひもの裏面に接着芯をはる。
・各身頃の衿ぐり、袖ぐりに接着テープをはる。
・スカートの後ろ中心、脇、裾の縫い代にロックミ
　シン（またはジグザグミシン）をかける。

作り方

1 後ろ身頃のダーツを縫う。
　　→p.36（NO.01）
2 前身頃と前脇身頃を縫い合わせる。→図
3 身頃の脇を縫う。
　　→p.36（NO.01）
4 スカートのタックをたたむ。
　　→p.36（NO.01）
5 スカートの後ろ中心を縫う。
　　→p.72（NO.10）
6 スカートの脇を縫う。前と後ろスカートの脇を
　　中表に合わせて縫い、縫い代を割る。
7 ウエストを縫う。→p.38（NO.01）
8 後ろ中心にコンシールファスナーをつける。
　　→p.27
9 肩ひもを作って仮どめをする。→図
10 裏布を縫い合わせる。→図
11 衿ぐり、袖ぐりを縫う。→図
12 ファスナーあきの裏布をまつる。
　　→p.39（NO.01）
13 後ろ身頃に肩ひもをまつる。→図
14 表スカートの裾をまつる。→図
15 ファスナーの上端にスプリングホックをつけ
　　る。→p.40（NO.01）
16 裾の脇の内側に糸ループをつける。→p.31

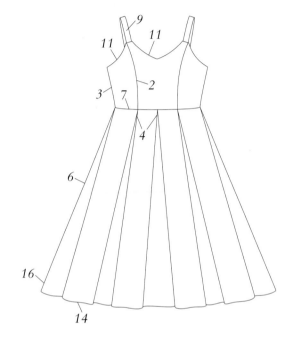

出来上り寸法　　　　　　　　　　（単位は㎝）

サイズ	5号	7号	9号	11号	13号
バスト	84	88	92	96	100
ウエスト	65	69	73	77	81
ヒップ	214	218	222	226	230
着丈	96	96	100	100	104

裁合せ図（表布）

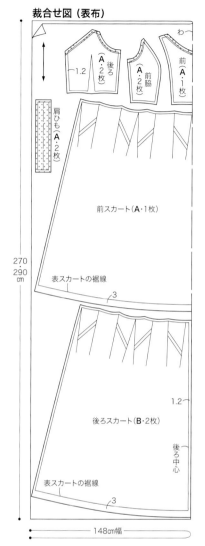

肩ひも（A・2枚）

1.2

(A) 後ろ・2枚

(A) 前脇・2枚

前(A・1枚)

わ

前スカート（A・1枚）

表スカートの裾線

3

後ろスカート（B・2枚）

後ろ中心

表スカートの裾線

3

270
290
cm

148cm幅

（裏布）

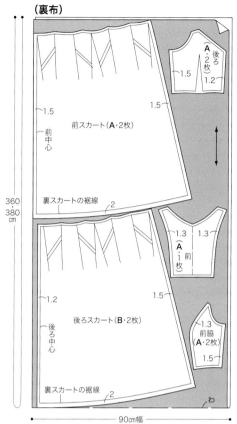

1.5

前スカート（A・2枚）

前中心

1.5

裏スカートの裾線

2

1.2

後ろスカート（B・2枚）

後ろ中心

裏スカートの裾線

2

わ

1.5

(A) 後ろ・2枚
1.2

1.3 1.3

(A) 前・1枚

1.3
前脇
（A・2枚）

1.5

360
380
cm

90cm幅

＊アルファベットは実物大パターンがある面
＊指定以外の縫い代は1cm
＊▨ 接着芯・接着テープをはる位置

2 前身頃と前脇身頃を
縫い合わせる。

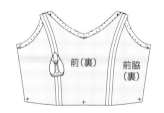

前（裏）　前脇（裏）

前身頃と前脇身頃を中表に合わせて縫
い、縫い代を割る。

9 肩ひもを作って仮どめをする。

1

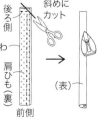

後ろ側

斜めに
カット

わ

肩ひも（裏）

前側

（表）

肩ひもを中表に折り、前側を残してL
字に縫う。次に角の縫い代を斜めにカ
ットし、表に返してアイロンで整える。

2

縫い代に
とめる

縫い目

わ

前（表）

肩ひも（表）

後ろ側

前身頃表面の肩に、肩ひもの前側を中表に
重ね、縫い代をミシンまたはしつけでとめる。

10 裏布を縫い合わせる。

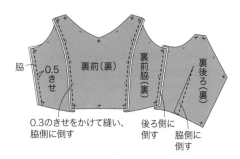

脇

0.5
きせ

裏前（裏）

裏前脇（裏）

裏後ろ（裏）

0.3のきせをかけて縫い、脇側に倒す

後ろ側に倒す

脇側に倒す

身頃は裏前身頃のパネルライン（0.3cmのきせをかける。きせのかけ方は30ページ参照）、裏後ろ身頃のダーツ、脇（0.5cmのきせをかける）の順に縫い合わせる。次にスカートの裏布を縫い合わせ、裏身頃と裏スカートのウエストを縫い合わせる。→p.39参照（NO.01）

11 衿ぐり、袖ぐりを縫う。

1

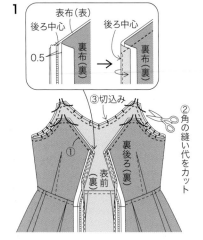

表布（表）

後ろ中心

0.5

裏布（裏）

→

後ろ中心

裏布（裏）

③切込み

②角の縫い代をカット

①

裏後ろ（裏）

表前（裏）

表身頃と裏身頃を中表に合わせて、衿ぐり～袖ぐりを縫う（①）。このとき後ろ中心は図のように裏布を0.5cm控えて折って縫う。次に角の縫い代を斜めにカットし（②）、カーブの部分の縫い代に切込みを入れる（③）。

2

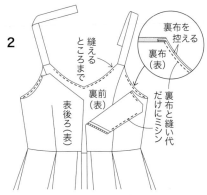

縫えるところまで

裏布を控える

裏布（表）

裏前（表）

表後ろ（表）

裏布だけにミシン

裏布と縫い代

身頃を表に返し、衿ぐり～袖ぐりをアイロンで整える。さらに表身頃をよけて裏布と縫い代だけにミシンをかける。各角は縫えるところまでミシンをかければよい。

13 後ろ身頃に肩ひもをまつる。

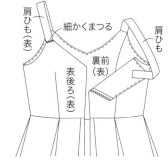

肩ひも（表）

細かくまつる

肩ひも

裏前（表）

表後ろ（表）

肩ひもの後ろ側のつけ位置を目安に、表後ろ身頃に肩ひもをまち針などで仮どめする。試着をして長さを調節し、表から針目が目立たないように細かくまつる。

14 表スカートの裾をまつる。

1

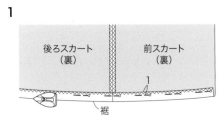

後ろスカート（裏）

前スカート（裏）

1

裾

表スカートの裾の縫い代をアイロンで裏面に折り、縫い代端から1cmぐらいのところをまち針でとめる。

2

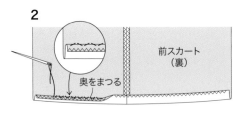

奥をまつる

前スカート（裏）

縫い代端をめくりながら少し奥をまつる。糸は引きすぎないように、少しゆるめにまつる。

10 キャミソール、ノースリーブ、タイトスカート (口絵 P.20)

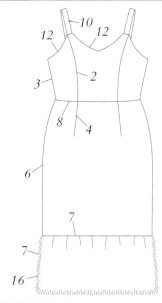

パターン（A、C 面）

10 前身頃　10 前脇身頃　10 後ろ身頃
10 前スカート　10 後ろスカート　10 肩ひも
＊前裾布、後ろ裾布は、裁合せ図の寸法で直接布を裁つ。

材料

表布A 二重梨地＝140cm幅 5・7・9号1m10cm、
11・13号1m20cm
表布B カットジャカード＝110cm幅 5・7・9号1m10cm、
11・13号1m20cm
裏布＝90cm幅 5・7・9号1m70cm、11・13号1m90cm
接着芯＝40×40cm
接着テープ＝1.2cm幅適宜
コンシールファスナー＝56cm1本
スプリングホック＝1組み

下準備

・肩ひもの裏面に接着芯をはる。
・各身頃の衿ぐり、袖ぐりに接着テープをはる。
・スカートの後ろ中心、脇の縫い代にロックミシン（ま
たはジグザグミシン）をかける。

作り方

1 後ろ身頃のダーツを縫う。
　→p.36（NO.01）
2 前身頃と前脇身頃を縫い合わせる。
　→p.69（NO.09）
3 身頃の脇を縫う。→p.36（NO.01）
4 スカートのダーツを縫う。→図
5 スカートの後ろ中心を縫う。→図
6 スカートの脇を縫う。→図
7 裾布を縫い、スカートにつける。→図
8 ウエストを縫う。→p.38（NO.01）
9 後ろ中心にコンシールファスナーをつける。
　→p.27
10 肩ひもを作って仮どめをする。
　→p.69（NO.09）
11 裏布を縫い合わせる。→図
12 衿ぐり、袖ぐりを縫う。→p.70（NO.09）
13 ファスナーあきの裏布をまつる。
　→p.39（NO.01）
14 後ろ身頃に肩ひもをまつる。
　→p.70（NO.09）
15 ファスナーの上端にスプリングホックをつける。
　→p.40（NO.01）
16 裾の脇の内側に糸ループをつける。
　→p.31

出来上り寸法　（単位はcm）

サイズ	5号	7号	9号	11号	13号
バスト	84	88	92	96	100
ウエスト	65	69	73	77	81
ヒップ	90	94	98	102	106
着丈	95	95	99	99	103

裁合せ図（表布A）

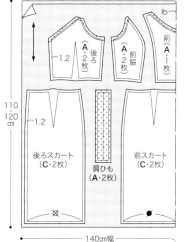

110
120
cm

後ろスカート（C・2枚）

1.2

後脇（A・2枚）　前脇（A・2枚）　前（A・1枚）

1.2

肩ひも（A・2枚）

前スカート（C・2枚）

140cm幅

（表布B）

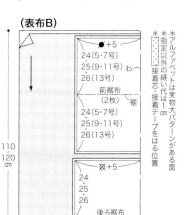

110
120
cm

●+5

24（5・7号）
25（9・11号）
26（13号）

わ

前裾布（2枚）　裾

24（5・7号）
25（9・11号）
26（13号）

⊠+5

24・25・26

後ろ裾布（2枚）　裾

24・25・26

110cm幅

（裏布）

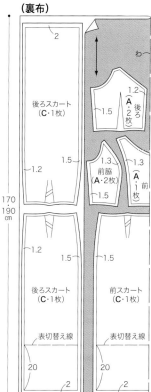

わ

2

170
190
cm

後ろスカート（C・1枚）

1.2

1.5

1.2

後（A・2枚）
1.2
1.5

前脇（A・2枚）
1.3
1.5

前（A・1枚）
1.3

1.2　1.5

後ろスカート（C・1枚）

前スカート（C・1枚）

表切替え線　表切替え線

20　20

2　2

90cm幅

＊アルファベットは実物大パターンがある面
＊指定以外の縫い代は1cm
：：：：：接着芯・接着テープをはる位置

4 スカートのダーツを縫う。

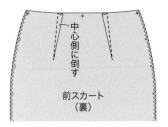

前スカート、後ろスカートともウエストのダーツを中表につまんで
縫う。縫い代はそれぞれ中心側に倒してアイロンで整える。

5 スカートの後ろ中心を縫う。

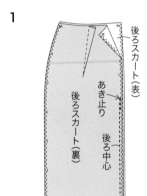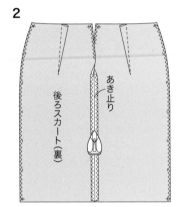

1 左右の後ろスカートを中表に合わせ、あき止りから下を縫う。あき止りはしっかり返し縫いをする。

2 あき止りから下の後ろ中心の縫い代をアイロンで割る。

6 スカートの脇を縫う。

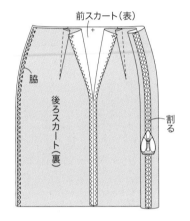

前スカートと後ろスカートの脇を中表に合わせて縫い、縫い代をアイロンで割る。

7 裾布を縫い、スカートにつける。

1 前裾布と後ろ裾布を中表に合わせて両脇を縫う。縫い代は割る。

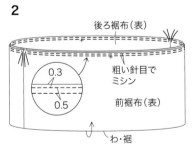

2 輪になった裾布を外表に半分に折り、上端の縫い代を粗い針目でミシンを2本かける。

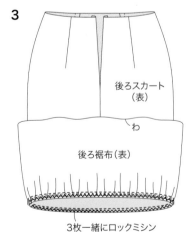

3 裾布の粗ミシンの糸を2本一緒に引いてギャザーを寄せ、スカートの下端に中表に合わせて縫う。次に縫い代に3枚一緒にロックミシンをかける。

11 裏布を縫い合わせる。

1

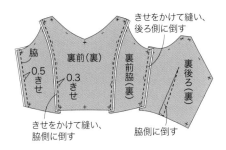

裏前身頃のパネルライン（0.3㎝のきせをかける）、裏後ろ身頃のダーツ、脇（0.5㎝のきせをかける）の順に縫い合わせる。きせのかけ方は30ページを参照。

2

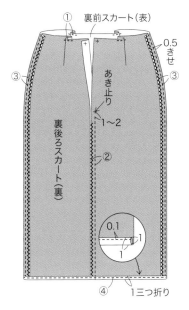

裏前スカート、裏後ろスカートともウエストのタックをたたんで縫い代にしつけをかける（①）。裏後ろスカートは後ろ中心をあき止りの1〜2㎝下から裾までを縫い、縫った部分の縫い代に2枚一緒にロックミシンをかける（②）。次に0.5㎝のきせをかけて脇を縫い、縫い代に2枚一緒にロックミシンをかけ（③）、裾の縫い代を三つ折りにしてステッチをかける（④）。

3

裏身頃と裏スカートのウエストを中表に合わせて縫う。縫い代は身頃側に倒してアイロンで整える。

パターン（A、B、C面）

11 前身頃　11 後ろ身頃　11 前ウエストヨーク
11 前スカート　11 後ろスカート　11 袖　11 衿　11 裏前身頃

材料

表布 二重梨地＝140cm幅 5・7・9号2m80cm、11・13号3m
裏布（袖分を除く）＝110cm幅 5・7・9号3m、11・13号3m20cm
接着芯＝90cm幅30cm
接着テープ＝1.2cm幅適宜
コンシールファスナー＝56cm1本
スプリングホック＝2組み

下準備

・衿、前ウエストヨークの裏面に接着芯をはる。
・後ろ衿ぐり縫い代の裏面に接着テープをはる。
・袖下、袖口、表スカートの後ろ中心、脇、裾の縫い代にロックミシン
　（またはジグザグミシン）をかける。

作り方

1　後ろ身頃のダーツを縫う。→p.58（NO.06）
2　前身頃にギャザーを寄せる。→図
3　前身頃と前ウエストヨークを縫い合わせる。縫い代は2枚一緒に
　　ロックミシンをかけてヨーク側に倒す。
4　身頃の肩を縫い合わせる。→図
5　身頃の脇を縫い合わせる。縫い代は割る。
6　スカートのタックをたたむ。→p.36（NO.01）
7　スカートの後ろ中心を縫う。→p.72（NO.10）
8　スカートの脇を縫う。→p.72（NO.10）
9　ウエストを縫い合わせる。→p.38（NO.01）
10　後ろ中心にコンシールファスナーをつける。
　　→p.27
11　裏布を縫い合わせる。身頃は→p.79（NO.12）
　　ただし肩は表布と同様に衿ぐり側を出来上りで縫い止め、縫い代
　　は割る。スカートとウエストはぎは→p.39（NO.01）
12　後ろ衿ぐりを縫い、ファスナーあきの裏布をまつる。→図
13　衿を作る。→図
14　衿をつける。→p.60（NO.06）
　　ただし、前衿ぐりだけつける。
15　袖を作る。→p.47（NO.03）
　　ただし、袖下縫い代は割る。
16　袖をつける。→p.47（NO.03）
17　表スカートの裾をまつる。→p.70（NO.09）
18　スプリングホックをつける。後ろ中心の上端は→p.40（NO.01）、
　　衿の後ろ端は→p.61（NO.06）
19　裾の脇の内側に糸ループを作る。→p.31

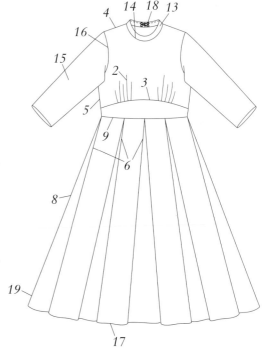

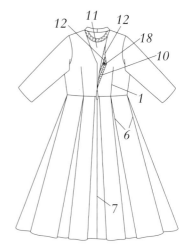

出来上り寸法				（単位はcm）	
サイズ	5号	7号	9号	11号	13号
バスト	84	88	92	96	100
ウエスト	65	69	73	77	81
ヒップ	214	218	222	226	230
袖丈	43	43	45	45	47
着丈	98	98	102	102	106

裁合せ図（表布）

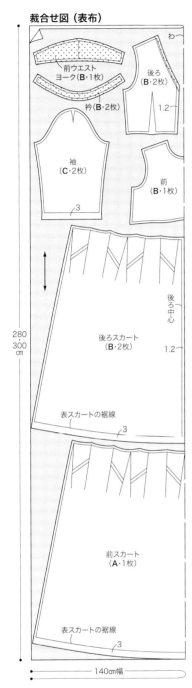

＊アルファベットは実物大パターンがある面
＊指定以外の縫い代は1cm
＊ ···· 接着芯・接着テープをはる位置

（裏布）

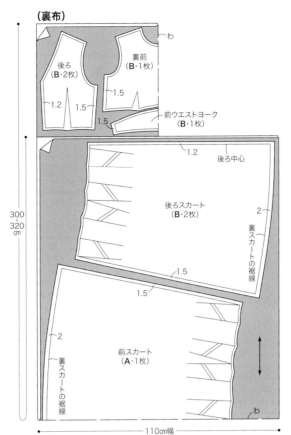

2 前身頃にギャザーを寄せる。

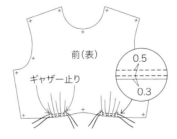

前身頃下側のギャザー位置の縫い代に、粗い針目で2本ミシンをかけ、裏面の2本の糸を一緒に引いてギャザーを寄せる。

4 身頃の肩を縫い合わせる。

1

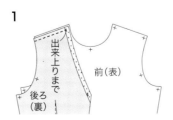

前身頃と後ろ身頃の肩を中表に合わせて縫う。このとき、衿ぐり側は出来上りで縫い止める。

2

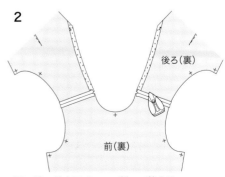

肩の縫い代をアイロンで割って整える。

12 後ろ衿ぐりを縫い、ファスナーあきの裏布をまつる。

1

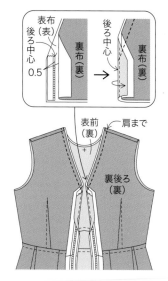

表身頃と裏身頃を中表に合わせ、後ろ中心は図のように縫い代を折って、肩から後ろ中心まで衿ぐりを縫う。

2

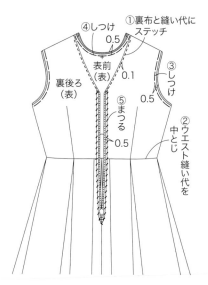

後ろ衿ぐりを表に返してアイロンで整え、後ろ衿ぐりに表布をよけて裏布と縫い代だけにミシンをかける（①）。次にウエストの縫い代を中とじし（②）、袖ぐりと前衿ぐりにしつけをかけて表布と裏布を縫いとめる（③、④）。裏布の後ろ中心はファスナーの務歯から0.5cm控えて縫い代を折り込み、まつる（⑤）。

13 衿を作る。

1

表衿と裏衿を中表に合わせて上側を縫い（①）、縫い代を0.5cmにカットする。

2

1の縫い代を裏衿側に倒し、表衿をよけて裏衿と縫い代だけにミシンをかける。

3

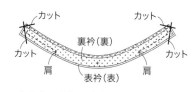

もう一度表衿と裏衿を中表に合わせ、両端とも端〜肩までをL字に縫う。次に角の縫い代を斜めにカットする。

4

衿を表に返してアイロンで整える。裏衿のつけ側は縫い代を0.8cm折り込んでアイロンで整える。

12 クルーネックスタンドカラー、7分タイトスリーブ、タイトスカートロング (口絵 P.24)

パターン（B、C面）

12 前身頃　12 後ろ身頃　12 前ウエストヨーク　12 前スカート
12 後ろスカート　12 衿　12 袖　12 裏前身頃
＊前裾フリル、後ろ裾フリルは、裁合せ図の寸法で裁つ。

材料

表布 ヘビーサテン＝146cm幅 5・7・9号2m40cm、11・13号2m60cm
裏布（袖分を除く）＝90cm幅 5・7・9号2m、11・13号2m20cm
接着芯＝90cm幅30cm
接着テープ＝1.2cm幅適宜
コンシールファスナー＝56cm1本
スプリングホック＝1組み

下準備

・衿、前ウエストヨークの裏面に接着芯をはる。
・袖口、袖下、表スカートの脇と後ろ中心、裾フリルの脇と裾の縫い
　代にロックミシン（またはジグザグミシン）をかける。

作り方

1 後ろ身頃のダーツを縫う。→p.58（NO.06）
2 前身頃にギャザーを寄せる。→p.58（NO.06）
3 前身頃と前ウエストヨークを縫い合わせる。縫い代は2枚一緒に
　ロックミシンをかけてヨーク側に倒す。
4 身頃の肩を縫い合わせる。縫い代は割る。
5 身頃の脇を縫い合わせる。縫い代は割る。
6 スカートのダーツを縫う。→p.72（NO.10）
7 スカートの後ろ中心を縫う。→p.72（NO.10）
8 スカートの脇を縫う。→p.72（NO.10）
9 ウエストを縫い合わせる。→p.38（NO.01）
10 後ろ中心にコンシールファスナーをつける。→p.27
11 裾フリルを縫い合わせる。→図
12 裾フリルをつける。スカートの裾に裾フリルを中表に合わせて縫
　う。縫い代は2枚一緒にロックミシンをかけてスカート側に倒す。
13 裏布を縫い合わせる。→図
14 裏布を合わせてファスナーあきの部分をまつる。→図
15 衿を作る。→p.60（NO.06）
16 衿をつける。→p.60（NO.06）
17 袖を作る。→p.47（NO.03）
　　ただし、袖下の縫い代は割る。
18 袖をつける。→p.47（NO.03）
19 衿の後ろ端にスプリングホックをつける。
　　p.61（NO.06）
20 裾の脇の内側に糸ループを作る。→p.31

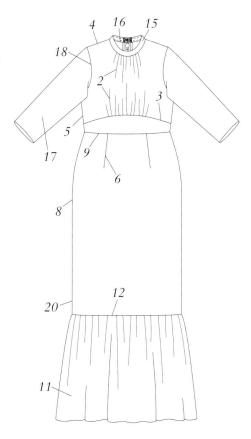

出来上り寸法 （単位はcm）

サイズ	5号	7号	9号	11号	13号
バスト	84	88	92	96	100
ウエスト	65	69	73	77	81
ヒップ	90	94	98	102	106
袖丈	43	43	45	45	47
着丈	141	141	145	145	149

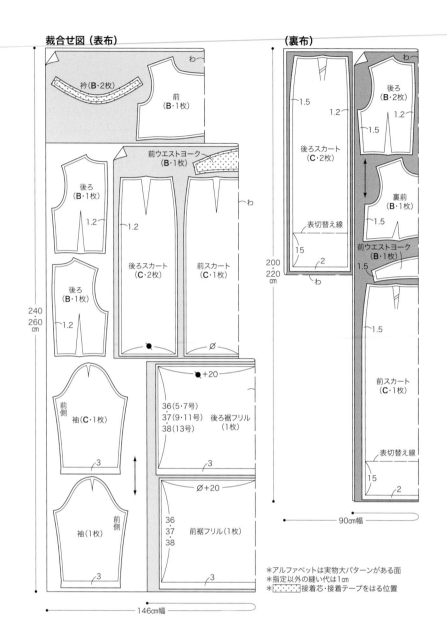

裁合せ図（表布）

衿（B·2枚）

前
（B·1枚）

後ろ
（B·1枚）
1.2

前ウエストヨーク
（B·1枚）

後ろスカート
（C·2枚）
1.2

前スカート
（C·1枚）

わ

後ろ
（B·1枚）
1.2

240
·
260
㎝

前側 袖（C·1枚）
3

袖（1枚）
前側
3

36（5·7号）
37（9·11号）
38（13号）
●+20
後ろ裾フリル
（1枚）
3

Ø+20
36
37
38
前裾フリル（1枚）
3

146㎝幅

（裏布）

後ろスカート
（C·2枚）
1.5
1.5
1.2

後ろ
（B·2枚）
1.2

裏前
（B·1枚）
1.5

前ウエストヨーク
（B·1枚）
1.5

表切替え線
15
2
わ

前スカート
（C·1枚）
1.5

表切替え線
15
2

200
·
220
㎝

90㎝幅

＊アルファベットは実物大パターンがある面
＊指定以外の縫い代は1㎝
＊▨接着芯・接着テープをはる位置

11 裾フリルを縫い合わせる。

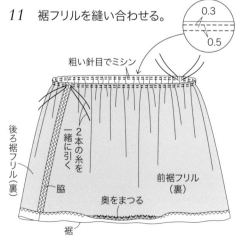

0.3
0.5

粗い針目でミシン

2本の糸を一緒に引く

脇

後ろ裾フリル（裏）

前裾フリル（裏）

奥をまつる

裾

前裾フリルと後ろ裾フリルを中表に合わせて両脇を縫い、縫い代を割る。次に裾縫い代をアイロンで折り、奥をまつる。上端は縫い代に粗い針目で2本ミシンをかけ、裏面の2本の糸を一緒に引いてギャザーを寄せる。

13 裏布を縫い合わせる。

1

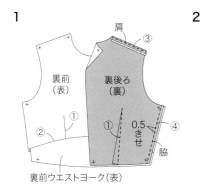

裏前身頃、裏後ろ身頃ともダーツを縫い（①）、裏前身頃は裏前ウエストヨークと縫い合わせ（②）、縫い代はウエストヨーク側に倒す。次に肩、脇（③、④）を縫い合わせるが、脇は0.5cmのきせをかけて縫う。肩と脇の縫い代は、後ろ側に倒す。

2

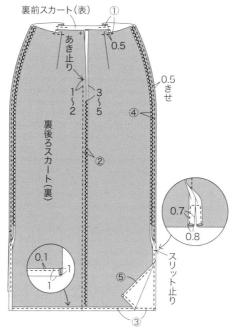

裏スカートを縫い合わせる。まずウエストのタックをたたんで縫い代を縫いとめ（①）、後ろ中心をあき止りの1～2cm下から裾までを縫い、縫い代に2枚一緒にロックミシンをかけて片側に倒す（②）。次に前後の裾をそれぞれ三つ折りにしてステッチをかけ（③）、脇をスリット止りまで縫って縫い代に2枚一緒にロックミシンをかけて片側に倒す（④）。スリットあきは縫い代を三つ折りにしてステッチをかける（⑤）。

3

裏身頃と裏スカートのウエストを中表に合わせて縫う。縫い代は身頃側に倒してアイロンで整える。

14 裏布を合わせてファスナーあきの部分をまつる。

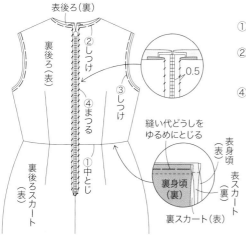

①表布と裏布を外表に合わせ、ウエストの縫い代を中とじする。
②③外表に合わせて裏身頃をよくなじませ、衿ぐり、袖ぐりの縫い代にしつけをかける。
④裏布の後ろ中心の縫い代を折ってファスナーテープにまつる。

鈴木 圭

1978年3月生れ。文化服装学院アパレルデザイン科卒業後渡米し、ニューヨークのクチュールメゾンで3年間研鑽。帰国後はウェディングのドレスデザイナーとして、クチュールドレスのデザイン・製作に携わる。2003年にワンピースのオーダーブランドatelier KEISUZUKIを設立。伊勢丹新宿店や日本橋髙島屋店で定期的なポップアップを開催し、現在に至る。

atelier KEISUZUKI ／ アトリエ ケイスズキ

「ウェディングドレスを着るような高揚感を日常に」四季を通じたイベントやセレモニー、そしてビジネスシーンにもぴったりなワンピースやジャケットを、カスタムオーダーを中心にお届けします。

〒 231-0014 横浜市中区常磐町 3-27-3 ラパンビル 403
TEL: 045-323-9012
JR 京浜東北線、市営地下鉄関内駅より徒歩3分
みなとみらい線馬車道駅より徒歩7分

http://atelier-keisuzuki.com/
＊当アトリエは店舗ではございません。ご来店前にはご予約をお願いいたします。

作品の生地の購入をご希望のかたは、こちらまでお問い合わせください。

注意：メーカー在庫の変動により、売り切れや、販売中心となることがございますこと、あらかじめご了承ください。

info@atelier-keisuzuki.com

参考書籍
『きれいな仕立てのプロの技』（文化出版局）

鈴木圭の考える
ドレスアップドレス

2020年9月27日　第1刷発行

著　者　鈴木　圭
発行者　濱田勝宏
発行所　学校法人文化学園 文化出版局
　　　　〒 151-8524 東京都渋谷区代々木 3-22-1
　　　　TEL:03-3299-2401（編集）
　　　　TEL:03-3299-2540（営業）

印刷・製本所　株式会社文化カラー印刷

©Kei Suzuki 2020　Printed in Japan

文化出版局のホームページ　　http://books.bunka.ac.jp/

ブックデザイン
関口良夫（SALT*）

撮影
青木倫紀

パターン製作
山口智美

CAD グレーディング
上野和博

縫製
m & s　趙 紫豪

作り方解説
百目鬼尚子

デジタルトレース
文化フォトタイプ

校閲
向井雅子

編集
平山伸子（文化出版局）